改變之書

Metamorphosis
How and Why We Change

波莉・莫蘭（Polly Morland）著

郭寶蓮 譯

目次

Omnia mutantur, interit

萬事皆變，但無一失去。

古羅馬詩人奧維德，《變形記》第十五卷（*Metamorphoses*）

關於來源

為了顧及可讀性，書中引用的話語原句照登，不予省略，而作者努力確保句子符合受訪者的原意。書中有些名字經過更動，以保護當事人隱私。作者以善意態度刊登書中人物的說詞，並盡可能查證相關事實，確保文本符合敘述的日期、時間和事件內容。

引言

這本書可以說是一場實驗，歡迎各位讀者加入這個實驗。我們這裡不需要實驗室白袍，用不到護目鏡、本生燈和試管，沒有分析大筆資料用的電腦，也沒有顯微鏡、望遠鏡或占星用的天宮圖——雖然沒有天宮圖，但我們時時惦記著要看向未來。這個實驗有的是親密的、屬於個人的事務，在這個實驗過程中，你唯一需要的設備是想像力。所以，請把壓在你心中那只玻璃罩底下的想像力釋放出來，讓它飛舞，然後我們就可以開始。

這場實驗——請以最寬鬆的定義來看待實驗二字——與改變有關：為什麼我們想改

變？有可能改變嗎？如何做出改變？改變之後會發生什麼事？於此，我們可以說，這場實驗是跟我們的生命核心故事有關，也跟我們的想像力如何形塑希望及恐懼相關。如果可以改變，誰不想改變呢？我們日日辛勞，滿懷各式各樣的、大大小小的渴望。我們渴望從胖變瘦，從傷心變快樂，把乏味無趣的人生變得充實滿足，讓憤怒變平和，從孤單變成有人愛，從渾噩迷惘變得澄澈明朗，從幻滅的狀態變成找到新意義，從恐懼變得有安全感，失敗變成功。

我們的文化，讓我們覺得有權利改變自己和生活中的經驗，以符合我們的夢想和抱負，而且這種情況的程度比過去更甚。這種可以改變自己、讓自己成為生命主人的選擇權，非常重要，它決定了我們可以自由到什麼程度，其中包含著幾項我們最為珍視的觀念——比如平等、民主和自主。然而，我們經常不知該如何運用這個選擇權，因而淪為許多速成法的消費對象，昧於各式各樣教人快速改變的方法，比如自我成長類的書籍、飲食減肥法、平靜心靈的閉關修行，以及可提供激勵作用的手機應用程式（app）。

而這本書絕不是速成法，書裡沒有一步一步跟著做就會成功的計畫，也沒有可以終結各種麻煩的萬靈丹，更不提出一套照著做就能解決所有疑難雜症的方法。本書無意提供這類虛華的錦上添花之舉。我們卻要問出四個關於改變的核心問題，並從那些已經改變了的人和正在改變的真實人物身上尋求答案。這個實驗就是要從他們的故事中找到力量來開啟我們的心，讓我們用新的眼光看待如何改變自己。

但，從另一方面來看，對於如何改變，我們經常會有一種迷惑：這世上明明什麼都在變啊，包括人也時時在變。這個轉動的世界本來就沒一刻是靜止的。河流滔滔向前湧流不歇，一如兩千五百多年前的希臘哲學家赫拉克利特（Heraclitus）的喟嘆。我們成長，我們變老，我們學習、我們演化、我們流動、我們旋轉。謀新職、搬新家、談戀愛，然後失戀。我們做決定，然後改變心意。我們為人父母，經歷摯愛死去，悲傷痛苦，而後再次歡喜。老友漸行漸遠或者失寵，換成能讓我們笑的新友得勢。日落，日出。明天是嶄新的一天，每一天對所有人都是新的一天。

赫拉克利特對於河流所發出的喟嘆名言，經常受到偏頗的錯誤詮釋。其實，他說的話並非如一般引述所認為的，說是因為河流時時變動，所以人不可能踏進同一條河段兩次。而是，正因河流會流動，所以河流才是河流。同樣的，並非我們都是人，所以會變，而是因為我們會變，所以我們是人類。

事實上，我們比自己以為的更擅長於改變，尤其在改變人生方向這件事上，我們堪稱高手。人類永遠都在適應，都在創造，所以人類可不是我們自以為的那樣聽話。這是天性，是生命週期和我們這種生物存在的必要條件（sine qua non）。我們的童年經驗在成人之後仍然會常駐心頭，這是人類這種動物所獨有的經驗，而這種經驗跟人類大腦有能力學習、有能力讓想像力馳騁的特性息息相關。正是這種力量讓我們有辦法做到個人生命的改變或是社會集體的改變，但同時在某些基本層次上維持不變，仍是同一種東西、同一條河流、同一個人。改變是一種開展的過程，不是至高無上的良方；改變使我們成為我們。

所以，本書所說的蛻變，不是兩千多年前的羅馬詩人奧維德（Ovid）筆下的景象——人（不知不覺地）變成了動物、樹木、鳥禽、花朵、海洋中的漩渦或天上星群。事實上，你得有足夠的忍受力才能接受奧維德在他的《變形記》裡描寫的那些強暴、自殺、亂倫、吃人、肢解的經典情節，看到這些行徑裡隱含著各式各樣一廂情願的或者邪惡的欲望，伴隨著殘酷的懲罰和令人嘆為觀止的變形。我這本書所提到的蛻變，也不是卡夫卡筆下那個跟外界疏離的業務員葛瑞格・薩姆沙（Gregor Samsa），一朝醒來變成了甲蟲（或有一說是蟑螂），在家裡蠕動。我們這裡要談的改變，是插畫家艾瑞・卡爾（Eric Carle）的著名繪本《好餓的毛毛蟲》（*The Very Hungry Caterpillar*）裡那隻不斷吃著各種東西的毛毛蟲所等待的蛻變；我們在意的是一個匯聚著無數小改變、小奇蹟，而且持續改變著的世界；在這樣的世界中，毛蟲會變成美麗蝴蝶，人能以驚人的方式改變，而且真的大幅改變。

蛻變是到處可見的現象，雖然說人類的蛻變所需的時間遠遠不只是幾天而已。在探討為什麼我們想要改變時，我們會看見湧動的自然力如何跟人類主體亟欲成為自己生命主人的渴望相碰撞。在檢視身體和心理可以改變到什麼程度時，我們會發現：選擇什麼樣的改變和開啟什麼樣的門有多麼重要。在說明如何改變時，我們會發現：想讓改變發生，不必去破解改變的神祕過程，而是去透過實用主義來利用那種神秘過程。而當我們探詢是什麼東西該被改變、蛻變之後會發生什麼事、會如何維持這已經改變了的狀態，我們會發現，即使是在最徹底的蛻變，我們的認同也可以極有彈性，極有適應力。

最重要的，在這個探索改變是什麼的過程中，我們會遇到許多了不起的人，他們的故事提供了最有效的改變良方。而這正是關鍵。對於如何改變，這世上已有不計其數的藍圖：有些是草圖，有些則是歷經多年審慎實證研究的成果。然而，本書中這些故事裡的人——這些人不是研究的對象，而是研究過程中的重大驚喜——沒有一個人是經由某一種範例、某一本自我成長的書籍，或某種步驟、某種療程就得到最終的改變。是的，他們會閱讀、會聽從建議，會尋找既有的智慧並找人談話，但最重要的，他們每個人各以某種方式受到鼓舞，各有屬於自己的改變過程。他們的改變，不是來自別人，而是來自他們自己去做了改變。他們有時掙扎，經常犯錯；他們常常不想改變，懷疑自己是否真的能改變，但最後，一天過去、一週過去、一年過去，他們證明了自己對自己的懷疑都是錯的，因為他們做到了。藉著想像力和堅韌，以及更常需要的勇氣，這些人有了改變的力量。

所以，如果你要找的是「如何在七天內改變人生」那種方便手冊，請找別的書；但如果你想了解何謂改變，改變是如何發生，為什麼會發生，以及想看看別人的故事是否足以感動你，讓你開始思考自己人生可以如何蛻變，那麼請繼續讀下去，然後請你設法去建立這樣的過程，開始去想像，甚至開始改變，就像接下來要看到的十九隻蛻變後振翅昂揚的蝴蝶。

第一部

為什麼想要改變

第1章　為了成長

警察小隊長考克森坐在整潔有序、簡單樸實的客廳中，俯視這片住宅郊區的靜謐街道。在這裡，家家戶戶的門前草坪乾淨整齊，遠方山坡遍布著石楠。他今天沒穿制服，但他儀態英挺，舉止略顯正式，整個人彷彿也穿著制服似的。客廳地板上有兩只大籃子，裝了滿滿的軟質玩具、塑膠小卡車和防止小讀者咬爛的布質繪本。接下來幾小時，那兩籃玩具不時會冒出突兀的旋律尾聲、小羊的咩咩叫或小牛的哞哞聲，或是尖細的警報聲。

小隊長考克森剛值完夜班回到家，家裡的小男嬰正在長牙。他笑笑地為自己「有點疲累」而道歉，並以纖細到令人驚訝的手指尖揉著他闔起的雙眼，在眼皮上劃圈按摩。

考克森擔任第一線的員警十年，最近終於升為小隊長，負責的區域是愛丁堡市中心的南區。他和另一位小隊長一起監督五個緊急待命小組，服務的市民約十二萬人，包括富裕社區和窮人社區。他說起話來不時會穿插他口中這份工作所需的「堅毅」——自殺、謀殺、腦漿塗地的車禍現場，以及帶著壞消息去敲某戶人家的門。

「每天都有駭人的事發生。」他一口高雅穩重的愛丁堡腔，稍稍緩和了話語內容帶給人的躁亂感。「你得學著去應付，這讓我因警察工作而變成一個更好的人。我的心變得很寬，對於人間世事也有自己的一番洞察。」他瞥向外頭街道，有個人正吹著口哨在洗車。「事實上這份工作讓我對人性及其本質更有信心。」

每個人都會因工作而改變，程度或大或小。工作可說提供了一扇觀看世界的窗，但艾德蒙．考克森（Edmund Coxon）的故事可不僅於此。每個人都曾經打算當這個或那個，但這位大家口中的艾德其實從來沒有打算當警察，然而，他後來穿上黑色警察制服和閃亮皮鞋的這段歷程，無疑是個絕佳例子說明了為什麼很多人想改變：改變是一種自然而有機的變化過程——說是成長亦無不可——加上個人主體主動採取的所有刻意轉變行為，共同造就了改變。這個例子說明了儘管我們想改變的理由多到難以計數，但都是因為我們想成為自己生命的作者，而這樣的欲望讓我們有時會採取最讓人跌破眼鏡的新樣貌。

—

關於成長，生物學家長久以來認為，在這個從青少年到成人的轉變過程所產生的身體和心理變化非常劇烈深刻，程度遠遠超過其他經驗。有些生物學家甚至認為，這個由荷爾蒙所主導的、讓人類這種動物能度過青春期的分化過程，可說是另一種生物的「蛻變奇蹟」。這種假設跟直覺相呼應：所有人都知道——成長的過程在某種程度上會改變一個人的身分認同。事實上，發展出成人自我，學習控制自己的人生，這種過程經常跟蛻變很類似，也就是說，這是一種存在模式的深刻轉化。

現在，唯一可見證艾德的大轉變或說是大蛻變的證據，是一個放置於飯廳角落的黑色提琴盒。琴盒裡面那把樂器，艾德以自豪口吻說起，曾經隸屬於傳奇提琴家暨指揮家，內維爾．馬里納爵士（Sir Neville Marriner），也就是創辦了舉世聞名的聖馬丁室內樂團（Academy of St. Martin in the Fields）的人物。說來令人詫異，艾德．考克森在當警察之前，是一位古典提琴家，曾在世界頂尖的樂團中演出，而他很小就被安排要走這條路，他也始終以提琴家為職志。

他的父親是大學的古典音樂教授，母親是歌唱老師，他從小浸淫在音樂世界裡。他的小房間隔壁就是母親的歌唱教室，那間教室裡有一架大鋼琴、一排排的樂譜，以及歌劇、交響樂與四重奏的黑膠唱片。

「我從小被音樂包圍，那是一種——」他想了一下才繼續說：「比我先存在的狀態，所以，我從沒想過我會不當音樂家。」

艾德六歲時在音樂專科學校擔任合唱團團員，九歲拿起小提琴，立刻就展現了他在小提琴方面的驚人天賦。「即使手中沒樂器，我也能用手指空彈出曲子。我的腦子裡隨時繚繞著音樂。」

他帶著幾近宗教式的虔敬態度描述，他開始學琴幾年後去了愛丁堡城堡下方的亞瑟廳（Usher Hall），觀賞歐洲室內管弦樂團（Chamber Orchestra of Europe）的演奏。他坐在這間圓頂的巨大演奏廳內，從位於高處的座位俯瞰著樂團——艾德回溯他少年時代的熱情說：「天哪，這就是我要的，我要成為這個樂團的一份子。這就是我想做的事。」

這位警察小隊長剛才談著謀殺和車禍，話題轉到他年輕時對古典音樂的熱愛，他的自在口吻顯示那時候的他對音樂完全是出於一種無條件的愛。然而，不管在音樂領域之外或之內，成人世界的殘酷現實開始消磨這位年輕小提琴家的理想主義和職業生涯。

十七歲那年，艾德進了倫敦的音樂學院。二十歲時，他如願以償成為歐洲室內管弦樂團的一員，實現了那之前幾年他在愛丁堡聽到這個樂團演奏時所許下的心願。大好前途就在眼前，他跟著樂團巡迴世界各地的著名演奏廳，在許多堪稱傳奇的指揮家底下演奏，艾德說起這些指揮——阿巴多（Abbado）、伯恩斯坦（Berstein）、多拉蒂（Doráti）——以一種不敢直呼名諱的崇敬口吻，彷彿談的是宗教聖人。這段期間，他在其他方面也有了成長。他拿出一張一九八〇年代末期拍的照片，照片中的他是個俊美憂鬱的年輕人，穿著音樂會的黑色西裝，手腕上架著小提琴，眉宇之間洋溢著才華與自信。「當年我唯一的逆境是跟女孩的交往。」艾德苦笑了一聲，沒有再提更多細節，因為他的妻子就在隔壁房間。不過他倒是提了他二十二歲時，那時的女友懷孕，兩人匆促成婚，生下寶寶。

「真的，結婚時我太年輕了。」他說，若有似無地搖搖頭。「婚後，我頓時發現人生不是那麼夢幻，因為我得開始為別人而活。」說到這裡，他的手指輕輕拍打著膝蓋，彷彿想為當年的成婚決策提出辯解。「孩子、妻子、帳單、稅務。為了這些，我開始到處試鏡，爭取工作機會，因為我要負責，家裡有帳單等著我。」

這時，埋在籃子底下的某個玩具彷彿接收到命令般，冒出響亮的樂聲，那是童謠「碰！鼬鼠跑了」的一小段音樂。艾德輕輕踢了籃子一腳，談起他就是在這時候開始對人生產生困惑。「嗯，與其說是困惑，不如說是欲望。」他說：「對於繼續從事音樂這一行，我並不懷疑，但同時，想學點其他東西的欲望也確實種在心田裡了。而且，我發現這些東西或許是我有責任去了解的。」

這段婚姻只維持了十八個月，但他這個伴隨著為人父的身分而出現的對未來的不同規劃，沒有隨著離婚而消失，相反的，他的疑惑更為盤旋不散。

「我覺得自己和外在世界的關係是斷線的。」他說：「過去多年來，我活在音樂的美妙世界中，但那樣的世界跟真實世界是平行的。現在，我想甩掉我的褊狹世界，好好兒去看一看真實世界所發生的一切，否則光靠音樂怎麼有辦法跟真實世界連結？」艾德做出握住一把小提琴的樣子，停在半空一會兒，接著聳聳肩，讓那把隱形的小提琴消散於無形。「我開始覺得靠音樂是不可能的。」

有一天，他瞞著交響樂團的同事，坐在他位於倫敦南區布里克斯頓區（Brixton）的住處，寫下一段開場白，同時替自己寫下新的人生故事。他在申請書的空白欄位中寫著，他希望能成為都會警察旗下的兼職無薪義警。而後，第一個啟示出現了：來了一封邀請他去面試的回覆函。

「你知道嗎？其實我不過是想測試一下，就像把手肘放入洗澡水裡測試水溫，可是現在我簡直要驚呼『天哪』。」艾德展露了（從我到訪以來）整個早上的第一次笑容。「竟然有人對我提出的義警申請有興趣。我生平第一次知道，除了當音樂家，我還能做其他事情。」

不過，艾德回絕了那個邀請。

他交握兩隻蒼白的手，懸在半空，笑著說：「我當時心想，不行，太危險了，萬一傷到手指怎麼辦？」然後，他出發去參加試鏡演奏。

—

你是否疑惑，不知為什麼人會想改變？有哪些充分的理由要去改變？到底要如何開始改變？若你也疑惑，那麼只需想像艾德蒙．考克森手中拿著小提琴，走在布里克斯頓區的細雨濛濛街道上，對上述幾個問題應該就會有答案。光是紙上談兵，怎麼談都一樣，然而艾德心中的欲望湧動起落，在他內心以複雜對位旋律唱和著——關於這個「為什麼」要改變的問題——這時，轉化就悄悄在生命中開展了。

對此，二十世紀中期的傑出精神病學家，阿弗烈德・本傑明（Alfred Benjamin），根據自身遇到的小事領悟出關鍵點。有一天晚上，他從自己位於波士頓的諮商診所走路回家，遇到一位陌生人上前問路。本傑明熱心回答，詳細告訴對方該在哪裡往左哪裡往右，想幫助陌生人以最快的方式抵達他想去的地方。對方仔細聆聽，點頭回應，並確認細節：「你是說，往左？然後往右？」並感謝這位熱心的醫生，然後向他道晚安告別。陌生人重新起步，帶著堅定的腳步，但前往的方向卻是街道的這一頭，而非本傑明仔細說明的另一頭。

「你走錯方向了。」醫生喊道。

「喔，我知道。」對方轉頭回答：「我只是還沒準備好要去那裡。」就這樣，對方朝著他的來時路走下去。

關於人為何要改變，或者如何改變，學術界的看法莫衷一是。但所有的心理學家或哲學家似乎都同意這一點：內在的改變不是在特定時間點以井然有序的方式發生，也不會伴隨著理性、一致、堅定的行動。改變不可能像火車，時間到了就發生（駛離月台）；相反的，改變就像那個向阿弗烈德．本傑明問路的人，即使搞清楚了有一條路要走，即使知道了自己想往哪裡去，你也可能還沒準備好上路。然而，即便還沒有上路，你也已經展開了旅程，這點非常重要。世上人們會說出千百萬種理由要改變，當你找到了這個與所有人共通的出發點，你就開始改變了。這出發點就是：自主權。

總而言之，艾德．考克森沒加入義警，接下來七、八年的音樂演出反而有更好的表現。一九九〇年代初期，將近三十歲的他加入一個頂尖的弦樂團，沒多久他就和樂團的藝術總監陷入一場很不智的戀愛。「事業和男女歡愉，」他看著自己的腳，說：「攪和在一起，實在很危險。」後來兩人感情生變，艾德「莫名其妙被甩了」，而且是愛情事業兩頭空。「這是我第一次體驗到音樂界的醜陋政治，我覺得受到極大侮辱，生氣得不得了，這可說是我生涯很重要的轉捩點。」

艾德後來開始朝向社交聚會的音樂演出，而他對音樂界的幻滅也如雪球愈滾愈大。事業高峰還是有的，比如跟知名搖滾樂團平克．佛洛伊德（Pink Floyd）合作，也灌錄了兩支〇〇七電影的配樂，還和披頭四的成員保羅．麥卡尼（Paul McCartney）合開了一場私人音樂會。然而，某些東西終究是破滅了。他對音樂生涯感到疲憊倦怠，年輕時的專注和動力不再，只剩忿恨苦澀，這種滋味和內心那股想過真實生活，想做點「實際」事情的渴望衝突傾軋。

「就在這時，我開始更認真地思考，還有什麼可以做呢？」艾德字字分明地說。「我不想變成滿懷忿恨的人，但那時我很有可能會變成那樣的人。」

啟示二來了：如果不注意，就會變成你不想變成的那種人。有了這番體悟，等於在心中種下了掌控自己生命、積極改變的種子。成長的漩渦，在青春期過後很久仍會發生，這種風暴不只會帶來幻滅，也會帶來獨立自主、帶來選擇，讓人開始依據選擇來行動。

現代心理學之父暨哲學家威廉・詹姆士（William James）在一八九〇年寫道：「心智，在任何階段都是一個同時上演著各種可能性的劇場。」根據詹姆士的說法，每個人都是以雷射光束般的注意力來比較各種可能性，挑選其中一些、壓抑另外一些，以此做出選擇。艾德一想到繼續當個職業音樂家對於他身為一個人所造成的影響，就覺得煩躁，所以他開始把注意力放在當警察的可能性上。他從童年以來所懷抱的音樂夢想，在十年前初次有了二心，而如今他開始更認真地想像一種截然不同於音樂生涯的人生。執法人員似乎比音樂更能提供他以前所錯過的東西：一種可以讓他清楚分辨「對錯、善惡、黑白、上下和左右」的生活。說到這裡，他哈哈大笑，但他顯然迄今仍如此相信。

促使他改變的所有原因都具備了，同時並存的所有可能性也齊聚了，現在就等著他做出選擇。促使他採取行動的臨門一腳，是一種人在成熟過程中幾乎都會面臨的普遍性轉折點——他的父親在二〇〇一年去世，那年艾德三十五歲。

「我領悟到我的父親再也回不來了。」他說：「這促使我開始思考，現在，我是唯一要為我的人生負責的人了。我知道改變勢在必行，因為——」他拖長了尾音說：「日子一天天過，人生持續進行中。人生不是音樂會的排練，可以重新來過。」

艾德毫不遲疑，準備迎接他所說的「重生」——說到這兩個字時，他咧出大大的笑容。他在父親過世後幾個月申請加入「洛錫安暨邊境區警察局」（Lothian and Borders Police），成為蘇格蘭六大司法轄區其中一區的警察，回到家鄉愛丁堡服務。

「我還記得我申請的過程戰戰兢兢、一絲不苟，就怕出差錯。」艾德咧出燦爛笑容：「而且我把這事當成祕密，誰都不說，連我媽也沒講。此外，我也怕樂團的同事會嘲笑我，他們的嘲笑會讓我開始懷疑自己。我不想懷疑我做的這個決定。」

艾德前往蘇格蘭參加第一次面試，整個過程可說「保密到家」。面試通過後，他只把消息告訴母親，並在幾天內出售他在倫敦的房子。終於，二〇〇三年春天，在同事和朋友們大聲叫嚷著「你瘋了！你腦袋不正常啊！」的話語聲中，艾德蒙・考克森不再是職業音樂家，從此之後他就是警察了。

「就我記憶所及，沒人給我正面回應。」他說：「畢竟我這決定太匪夷所思了。能進入古典音樂圈的人屈指可數，可說是極大殊榮，怎麼會有人離開這麼舒適優渥的環境，投入一個截然不同的地方？嗯，這麼說吧，我之所以這樣做，是為了誠實面對自己的人生，純粹是因為我想踏實地活著。」

艾德作勢起身，彷彿該說的都說完了，但隨即停下動作，補充一段話：「正式擔任警察後，我就知道我做對了。整個人變得更有活力，真的是新生、重生的感覺，而且對生命有了掌控權。」接著，他朝著飯廳裡那把樂器點了點頭，說：「偶爾我會懷念拉琴的感覺，不過這種情況不是常有。對了，你還沒問，但我先回答，是的，我對警察工作的熱愛就像我對音樂的喜愛。我想，我仍是個音樂家，我仍會用手指演奏曲子，但我同時也是個警察。」說到這裡，他帶著微笑，穿上外套。

我們開車去幼兒園接艾德的兩歲小孩，車子行駛在愛丁堡細雨綿綿的陡斜街道上，一路經過郊區的木屋、社會住宅區、十八世紀喬治亞風格的優雅連棟住宅。逛街的人們拉起連帽外套的帽兜，流浪漢倚在別人家的門口躲雨，身穿西裝的上班族揮手攔計程車，公車站的學童嘴巴吐出煙氣。有個老太太從紗簾後方往外窺探，有個媽媽把嬰兒推車上的雨罩往下拉。這些人都屬於艾德和愛丁堡南區警察的服務範圍，見到他們，你可以體會艾德所說的真實生活是什麼意思。難怪艾德會想改變。

此外，他談到了他成長過程中特別重要的樂曲。這樣的曲子有好幾首，但他提到了一首，根據他的說法是「會一輩子繚繞在我心頭」的曲子。這是理查・史特勞斯專為二十三把弦樂器所寫的曲子。艾德是少年時期在愛丁堡第一次演奏它。

這首曲子就叫做〈蛻變〉（Metamorphosen）。

第2章　為了救贖

艾德蒙．考克森說，他當警察以來，只有一天感到害怕。那天，他負責審問一個被拘留的嫌犯，這人犯下好幾起殘酷暴行，艾德想到他做過那些可怕的事，加上他在偵訊室所表現出的兇狠態度，不由得心生恐懼。

「但我知道這傢伙不是一直都這麼壞。」艾德說：「他剛出生時，一定跟我一樣善良純潔，但後來發生在他身上的事情使得他開始做壞事，變成習慣，而且覺得這樣做最自在。」艾德說起那犯人時，明顯出現畏懼神情。

每個人一生下來都像一張白紙，但漸長之後就要為自己的行為負起責任，這是人之所以為人的最基本道理。就連毛蟲蛻變後的蝴蝶，本質上也還是那隻毛蟲。就改變這件事來說，這種本質上的物質性是很重要的。

這個觀點，正是古希臘哲學辯士埃庇卡摩斯（Epicharmus Comicus）的詭辯重點。這位西元前五世紀的辯士，出身希臘古城錫拉庫沙（Syracuse），說過一個讓人捧腹的笑話。笑話內容大概如下：

有甲乙兩人。甲借了乙十銀兩，乙始終沒歸還。有一天，甲揪住乙的領子，要求他還錢，但乙還是不還錢，也沒給個說法，反而從口袋掏出一把小石頭。

「看到這些石頭了嗎？」乙說。

甲點點頭。

「如果多放一塊石頭進去這一堆，」乙說話的同時，加了一塊石頭進去。「這堆石子還是同一堆嗎？」

「當然不是同一堆了。」甲說。

「如果拿走一塊，」乙說著就拿起一塊石子，在手中揮舞著：「那還是同一堆嗎？或者跟原本那堆不一樣了？」

「不一樣。」甲說：「你到底要說什麼？」

「啊。」乙以睿智的口吻說：「現在我們用這個角度來思考人。人一方面會成長，但同時也會退步吧？」

甲不耐煩地點點頭。

「你瞧！」乙說：「人隨時都在變，而變了之後就跟先前不同。所以，當你借那十銀兩給我時，我們就不是原來的我們了——」這時，借據的紙莎草紙被揉皺的聲音，掩蓋了甲在這段軼事中的回應。

這段軼事的重點當然是乙那套華而不實的論點毫無作用，欠債仍是債，還可能被打斷鼻樑。事實上，不管我們多麼想改變，就算我們改變成功了，我們也無法跟過去所做的事一刀兩斷，過去借的十銀兩不會因此歸零。總之，你不能片面宣稱自己是全新的個體。然而，在許多方面，我們都有一種不合理的欲望想這樣做——洗心革面，重新來過，而這有時確實是一種很有用的催化劑，促使人改變。

——

「freedom」（自由）。雷・畢夏普（Ray Bishop）的前臂內側，以華麗的巴洛克草體刺上這個字，花體的飾紋跟藍色靜脈重疊。雷・畢夏普想要改變，主因就是為了自由。

「因為，這是我渴望的狀態。」他穿著連帽大外套，伸出一隻手，捲起袖子，握拳擱在桌上，旁邊有杯如肥皂水狀的卡布其諾咖啡差不多要涼了。

「我說的自由，不是電影上的那句台詞。那部電影叫什麼來著？梅爾・吉勃遜飾演蘇格蘭民族英雄威廉・華勒斯（William Wallace）的那一部？」

《英雄本色》（Braveheart）。

「對，他在電影裡大喊著『自由！』可是，對我來說，自由之所以重要，是因為我長期被關在機構中，若不是在監獄，就是在勒戒所。我進到社會，根本無法正常過生活。我始終不是我想要成為的那種人，我從沒想要這樣的我。從小，我就想當你，我不想要有我的一切，我想要你有的一切，我可以說從來沒有家。我想要你的家。」——說到這裡，他略顯尷尬地稍微打住——「我的某部分，是我極度厭惡的。我覺得自己一無是處，沒資格被愛，這些年來，我設法用毒品、憤怒、憎恨和惡毒來消除那部分的我，但其實那部分的我想要自由，我覺得那是我的核心。把臭洋蔥一層層剝掉後，核心的我，要的是自由。」

本名雷蒙的雷・畢夏普，對於改變說出了這一番極具說服力的理由。結實瘦小、脾氣暴躁的他，看起來像個五官被揍扁的拳擊手。這天早上十點左右，他坐在小鎮中心一間髒亂的酒吧，看起來比實際年齡四十歲還蒼老。有個也是來自南倫敦的人曾形容他「就像一籠染上狂犬病的鬥牛犬般，逞兇鬥狠」。雷大半輩子以來在監獄進進出出，他說：「我通常出獄不超過兩、三個月就會被關回去。」他的暴力和毒癮由來已久，上次入獄是因為涉入人蛇集團被求處十年徒刑，但在開庭審理期間以暴力方式逃脫法庭而被加重刑期，最後被列為A級罪犯，長期監禁在高度戒護監獄中。

「我過著暴力的生活。」他輕聲說：「我曾是個極端危險的人。這樣的人生，我覺得悔恨。我淪落到一種——」他拿起咖啡杯，但隨即放下——「道德荒漠的狀態，能幹的壞事幾乎都幹了，吸毒吸到最後，壞事幹到最後，我幾乎可以殺人了。而且被我傷害過的那些人，我有一半都不記得他們長什麼樣。」他望向窗外那些逛街路過的人。

我想起警察艾德・考克森說過，沒有人生下來就是壞人。而這位雷的壞事幹盡的人生，似乎可證明兩種截然不同的改變型態：一種是性格由於墮落腐敗而形成的改變，另一種是從地獄邊緣拉住、努力要回頭的艱難救贖歷程。這就是雷所要敘述的人生故事，情節完整且高潮迭起。而他所吹捧的自由，也隨著這歷程顯現。

你應該可以明白。我們的社會對這類的改變，是習於抱持懷疑態度的，然而，這種懷疑態度只會造成惡性循環。難怪雷反而樂於對（我這樣）一個帶著錄音機和筆記本的陌生人開誠布公，暢談他的殘破人生。訴說自己的人生故事——這本書接下來會遇到的一些人也都在訴說自己的故事——就是救贖的一部分，因為在訴說故事時，可以蓋住背景裡那些懷疑的噪音。

——

針對終止犯罪而做的研究，也就是研究為何有人可以打破累犯模式，這些研究本身就足以構成一門學術領域，然而這種研究的核心卻存在一些問題。想要測量這種改變究竟「減少了多少程度的某些行為」——比如惹事生非的程度減了多少、減了多少傷害或風險——想要衡量這類的改變，或者是想要追求這種的改變，真是一種難以掌握的任務，因為我們很難明確說出我們希望的最終狀態是什麼樣子。然而，在犯罪治療機構中，能否對於未來抱持希望和前景，這一點已被證明是很重要的物質面。這就是為什麼有些深具影響力的心理學家和社會學家，會致力於找出犯罪者的「救贖陳述」——就像雷所說的那些話。其中一種有價值的改變典範，包括行為和身分認同的改變，而其陳述往往會出現常見到的路徑。很多人長大後出現的行為偏差，問題出自不健全的童年，因此他們的改變必須是一種從內到外的有機式改變，而不是只有表象的改變。外在的契機觸動了他們的悔恨，堪稱轉捩點的啟示，燃起了生命的新目的和新意義，從而促成一條漫長蜿蜒的歸鄉之旅。這條路若要有個快樂圓滿的結局，那就是有一個人終於擁有更好的、全新的自己，能夠承擔行動的後果。這樣的奮鬥歷程構成一部當代的《奧德賽》（*Odyssey*）史詩，勒戒機構的犯人最終成為荷馬史詩中的英雄。即便真實狀況比較混亂，這些擅長討論洗心革面的專家仍然認為，這類改邪歸正的故事仍然具有很重要的實用目的；它們是有用的人生小說，可以幫助別人尋求更好的生活。

——

雷·畢夏普就是很經典的例子，但對他來說，他的人生絕不是虛構故事。他的每字每句都如此真切，充滿力量。陳述的過程中，他笑、他哭、他拍打桌子強調重點。不管過去他做了什麼，說過什麼樣的謊，當他說起自己的人生故事，就像一個有虔誠信仰的人般充滿說服力。

如他所言，他的墮落始於少年時代。「我的確相信，我們都是環境的產物。我相信如果我明天去殺人，心理學家就會把我的錯歸咎到我的童年。」語畢，他怒目瞪著鄰桌那個人——酒吧明明空蕩蕩，那人偏偏挑選我們旁邊這一桌坐下，而且拿著手機激動地大聲講話。雷瞇眼怒視那傢伙，同時講起他悲慘可憐的童年：會施暴的父親是酒鬼，拋棄妻小，而「殘酷」的繼父會趁他不注意時用東西銬住他頭部，但母親「無動於衷」。一開始是三餐不繼、逃學、愈來愈強烈的自卑感，疏離，以及偶爾的驚恐。他開始在家裡惹麻煩，沒多久就靠毒品來讓腦子「真的」放空。酒吧鄰桌的男人一會兒放聲大笑，一會兒咆哮吼叫，完全無視於沉下臉的雷。雷繼續說道：「所以，我可以說沒有所謂的快樂童年回憶，一個快樂畫面都沒有。負面回憶倒是很多，比如人家說我很壞，跟我爸一個樣，說我遺傳到『畢夏普家的種』。嗯，反正物以類聚，不是嗎？」說著，他把頭往講手機那個傢伙重重點了一下，說：「真是的，那傢伙搞得我很煩。」接著輕聲說：「我出去哈根菸，可以吧？」

酒吧外面的花園裡，水泥地面凍著一層霜。雷在那裡，描述他那些目無法紀的行徑如何愈演愈烈，幫派文化本身如何持久延續下去，也提到他所處的圈子是如何重塑道德價值觀。

「我不否認我確實在某些方面得到快感，比如金錢的報酬和腎上腺素激升的感覺。」他說，同時撒了一些菸草在黑色的甘草紙，慢慢把紙張捲起來，捲成一根菸。「但我犯下的罪刑愈來愈重，而且暴力的程度愈來愈高。說來很丟臉，但我得說，我的雙手沾滿了血，那些血讓我的良心慢慢地甦醒。」雷點燃一根火柴——「到了晚上，」他把那根菸放進嘴裡，吸了長長一口——「我開始做惡夢。我想，我之所以嗑藥，比如海洛因之類的，是想甩開那種罪惡感。」

說了一大段自白後，他接著談起他所謂的「內在衝突」：「一方面內心有個柔軟的、仍然有愛的小孩」。但另外那個受到良心折磨的「怪物仍然一點一點地吞噬我，直到一丁點有價值的自我都不剩。」雷把最後幾個字說得咬牙切齒，彷彿連自己都無法忍受這些字在嘴裡的感覺。他所說的「壞的那一面」經常戰勝「好的那一面」，雷說這是毒癮造成的。「它會把你變成你不想變成的那種人。」他睜大雙眼，在這瞬間，我瞥見他內在的噩夢世界。

然而，對雷．畢夏普來說，正是這種掙扎和悔恨點燃了他想改變的欲望。到了二十五、六歲時，他已經進出監獄數次，而周遭有好幾個朋友在短時間裡陸續由於吸食海洛因過量而死。雷「終於開始對自己承認，我活得很不快樂。」他申請緩刑，進了戒毒所，「但沒戒成功。」剩下的短短一截菸頭在他的下嘴唇顫動著。「那時我真以為可以一覺醒來就變成完全不同的人。」他把菸蒂從唇邊抽出來，往旁邊一彈。「有時候，我覺得遠方地平線有亮光，好像會有好事發生，但從來沒發生過。」

那種改變，不會主動發生在你身上，而是你要讓它發生。所以，暴力、犯罪、監獄和毒品的惡性循環依然持續著，周而復始。直到二〇〇〇年他涉入人蛇集團案子，在英國肯特郡的梅德史東皇家法院（Maidstone Crown Court）開庭審理的現場，他在被告席上攻擊了押解他的法警。他用什麼武器？他把原子筆咬斷成剩下一半大小，在筆殼裡裝入監獄早餐三明治裡的黑醋栗醬，然後拿他的法院檔案上面夾住紙張的迴紋針，套在筆頭上，讓原子筆變成是一個裝滿假血的注射器。他威脅法警，說要用這東西刺進法警的脖子裡。幾分鐘後，他走出法庭，把包括法官在內的所有人鎖在法庭裡。但他逍遙法外不過幾天，便再度落網。

雷說，當他瞥見電視新聞報導他脫逃的消息，提醒民眾不要接近這號危險人物，畫面上還出現他在警局留下的囚犯照，這時他才驚覺自己「變成了惡魔」。還有一個時刻，促使他痛下決心重新做人。他被列為A級囚犯，關在長拉汀監獄（HMP Long Lartin）裡，這是英國五所高度戒護監獄的其中一所。他和其他三十人被關進在戒備森嚴的那一棟牢房，這三十人「多數是殺人犯」。雷說到他們時的語氣明顯流露厭惡，「其中幾個是連續殺人狂、精神病犯，曾出現在報紙上的可怕人魔。在那一刻，我才頓悟。」他又捲了一根菸。「你知道嗎？當時我環顧四周，心裡想著，我不屬於這裡，我不該在這種地方，他媽的我在這裡幹麼？」說最後一句時，他的音量很大，把在附近清理桌面的酒保嚇壞了，拔腿往酒吧裡去，經過壓花玻璃門時還回頭望了雷一眼。「就在那一刻，」雷繼續說：「我告訴自己，我必須改變。」他又說一遍：「我必須改變，我過不了這種生活，我絕對撐不下去的。我不想後半輩子在這種地方度過。我值得擁有更好的人生。」

這番啟示，燃起了雷想要為自己作主的心情，而這種可以控制自己的意志和行為的自主感，正是支持他在漫長的服刑過程中逐漸改變的力量。他在監獄裡，全部的重心就是改變。首要任務？戒毒。他人生第一次戒毒，幾個月就成功甩掉毒癮。第二任務？接受教育。

獄方會為A級囚犯做心理計量方面的測驗，測量結果發現雷的智商很高。顯然他對此到現在仍引以為傲，因為他反覆提了好幾次。在坐牢的幾年裡，他除了取得英國開放大學（譯按：類似台灣的空中大學）一等優異成績的學位，還取得心理學碩士學位。他說，論文拿高分變成「新刺激感的來源，成了我的新癮頭。我發現——」他開心地咧嘴笑著說：「我真的滿聰明的。」雷再三提到他的聰明，但這絕不是無意義的自誇。想像一下，這當然是他的新人生當中值得強調的部分啊，而且也是他這個重生的新人想要擁有的關鍵特色。

「我最想改變的是我對世界的態度。我希望快樂，希望可以不靠毒品來面對這個世界，可以看著其他人的眼睛，說：『你們知道嗎？我努力做到我能做的。』雷早年的狐群狗黨也有人設法脫離了犯罪生活。正如雷說的：「我知道改變有可能發生，但我得承認，我無法只靠自己就做到改變，我需要協助。」

所以，雷申請移監白金漢郡（Buckinghamshire）的格雷頓監獄（HMP Gredon）。經過嚴格審核，他通過申請。這裡是全英國唯一一所有戒毒治療方案的監獄，而且有具體詳細的改變療程。在等待移監的時候，雷去刺青，在手臂刺上「自由」，這當然不是巧合。

之後三年，他在格雷頓監獄展開密集的團體治療。同樣也接受治療的，還有全英國監獄中最可怕的人物。雷說：「但他們都極度渴望改變。」這個療程對毒品毫無寬容餘地，只要在過程中用了一次，就會被踢出去。此外，這裡也完全不接受「作票者」——這是指那些想藉此來增加假釋機會，但實際上並非真想改變的投機份子。「因為，一顆老鼠屎，」雷說：「會壞了一鍋粥。」

治療期間，心理學家逐步矯正他們的錯誤認知，因為錯誤的思考會導致持續不斷的犯罪行為。不過對雷來說，讓他的改變更有成效的是一位叫保羅．強生（Paul Johnson）的監獄官帶給他的善意和支持。

「我在那裡那三年，把強生奉為父親一般的角色。他會進來我的牢房，坐在我旁邊，摟著我的肩膀，說：『沒事的，一切都會沒事的。』這種感覺，我從來都——」雷的聲音開始顫抖，他倉皇地從口袋掏出菸草，低聲說：「我從來沒有過這種感覺。我想，整個童年我想聽到的就是這句話，你知道嗎？」他伸出粗短的拇指，抹去眼角的淚水。「我想，如果曾經有人這麼告訴我，我就不會變成後來那樣子。強生做了很多努力，設法不讓受刑人出獄後再次犯罪。身邊有一個像他那樣的人，真正的我就能發光。」說完，他默默又捲了一根紙菸。

雷蒙・畢夏普在二〇〇六年出獄。他找到一份工作，贏得拳擊冠軍，認識了一個女孩，循規蹈矩了八年，現在坐在這間酒吧裡，宣布自己改變了，是一個重生的人。

「我喜歡現在的我。」他說：「我真的覺得自己就像斑點變化之後的美洲豹。我是活生生的例子，從我身上就可以見到改變，而且我會奮力捍衛我這個活案例，但不會把它視為理所當然，因為改變的歷程真的非常、非常漫長，而且我知道，改變這條路是沒有盡頭的，所以我會把握每一天。最重要的是，我沒有再做傷害社會的事。我努力有所貢獻，也不再有施暴的衝動。一切都過去了。」

「現在這種感覺，像不像你刺在手臂上的字呢，自由？」

「像，非常像。」雷說：「就是這樣。想要改變的渴望促使我改變，每天我都告訴自己，我是個好人，我是個好人，說久了就變成真的。」

一

法國哲學家帕斯卡（Blaise Pascal）在他的名著《思想錄》（*Pensées*）裡的第一百二十二條寫道：「時間會療癒痛苦和紛爭，因為人是會改變的。隨著時間嬗遞，我們不再是原來的我們，對方也不再是原來那個冒犯我們的人。」這位十七世紀的神學家思考的不是身陷囹圄之事，但他的話語再次回到了（本章前面說到的）古希臘哲學辯士埃庇卡摩斯那段詭辯笑話。況且，在真實世界中，正義的伸張是要追溯過往行徑的。

二〇一四年，就在我和雷．畢夏普在酒吧碰面之後過了幾個月，他寫下自己的親身經歷，出版了他所說的「為救贖而奮鬥」的回憶錄。但這本書似乎讓讀者聯想到幾本不受歡迎的回憶錄。出書之後沒多久，有個證人認出他在二十年前——那是他徹底改變之前的十年——與另一人結夥持槍搶劫。他認罪，展開五年的牢獄生涯。

雷想要的自由，還沒有來到。

第3章　為了樂觀

雷．畢夏普一再重述「我是好人，我是好人」，這種作法呼應了一套出現在一百年前的自我成長法。法國小鎮特魯瓦（Troyes）有位藥材商人，他獨創了一種方法，將之著作成書。這本出版於一九二二年的《暗示療法的奇蹟》（*Self-Mastery through Conscious Autosuggestion*），所提到的暗示療法後來廣為採納，被世人以作者之名稱為「庫埃療法」（Coué Method）。

這位藥商作者愛彌爾．庫埃（Emile Coué, 1857-1926）倡導，每人每天兩次像是念咒語一般複誦一句簡單的禱詞，這樣做可以讓人的生命回歸到最基本的層次。他認為，「透過自己把想法植入自己的內心」，可以讓想像的力量產生驚人效果，產生奇蹟般的改變，無論是輕微病痛或嚴重疾病都能獲得改善，在身體和心理層面都有所助益。說不定你會覺得這段禱詞很耳熟，畢竟它已經廣被採用：英國小說家格雷厄姆．葛林（Graham Greene）、英國小說家伍德豪斯（P. G. Wodehouse）、披頭四成員之一的約翰．藍儂（John Lennon），乃至著名的卡通人物粉紅豹（或稱頑皮豹），都曾使用過：

Tous les jours à tous points de vue je vais de mieux en mieux.

每一天，在每一方面，我都會變得更好更好。

複誦這句樂觀的話——保持極度渴望改變的心態——把它視為一帖良藥，早晚默念，一天唸個二十多次，就能達到庫埃先生所承諾的效果，「讓生病的人身體變健康，神經質和行為偏差者變得心理健全。」而且，彷彿變魔術般（或者如毛蟲變成蝴蝶的蛻變般），能把關注的重點從為什麼要改變，扭轉為如何改變。

庫埃本人也以樂觀姿態，在他的文章中加了一段話，以「此方法的優越性」為題，並且斷言，「若按照我的建議去做，不可能會失敗。」他列出來自自家小鎮特魯瓦的各式案例，欣然做出上述結論。原本會尿床還有偷竊癖的「小M」，很快就被治癒了。某位「D小姐」八天內就解決掉她的氣喘問題，「Z太太」的便祕問題獲得改善，「F女士」的膝蓋痠痛現象也好了。「Y先生」原本憂鬱到有自殺傾向，在一個多月的時間內變得開朗。

當然，不乏對此抱持懷疑的人。當代記者四處搜尋證據，認為這種正面效果頂多只是暫時的，而精神分析陣營的先輩也大聲表示異議。然而，不管庫埃的方法或「伎倆」（如他自己說溜嘴時所言）多粗糙，論點多不穩固，他這套方法之所以能在世界各地引起迴響，而且歷時不衰，原因在於這套手法結合了無懈可擊的樂觀主義和直覺式的強大信念——相信自我可以達成目標的信念。

當代心理學把這種力量加以詮釋並重新塑造，稱之為「自我效能」（self-efficacy）。這個詞彙出現於一九七〇年代末，由偉大心理學家亞伯特．班度拉（Albert Bandura）創造，並且加以系統化，融合成一套「行為改變的統一理論」。「自我效能」跟自信和自尊不同——它也不是表象的樂觀主義；「自我效能」指的是我們相信自己這個人和自己的信念（無論這個信念是否成立）具有足夠的能力可達成特定目標。能擁有高程度的但不是傲慢的自我效能，整體而言有助於達成目標，過去四十年來的實驗，一次次證明了它對於志向、選擇、動機和行動本身是具有正面效果的。如果你想追求的目標是改變，那麼先相信自己有能力改變，這樣的信念本身就是你能否真正改變的關鍵點。

雖然，愛彌爾．庫埃那句輕快的念誦詞不盡然是建立自我效能的最好方式，也不是治療便秘或痠痛膝蓋的萬能補藥，但它證明了這位小鎮的藥材商至少準確指出了病症。渴望改變，的確需要樂觀態度和信念，而且是需要先有相當程度的樂觀，我們才有可能起而行。

——

二〇一四年夏末，中國全國人民代表大會常務委員會通過提案，要讓香港預計於二〇一七年展開首長民主普選，此提案在表面上看起來，符合香港人長久以來爭取的普世投票權原則——一人一票——但事實上該案含有陷阱。沒錯，根據此案，香港特別行政區的人民首次可以投票選出自己的行政首長，但這項提案通過之後，變成必須先由支持北京政府的一小群委員挑選出幾位候選人，再由香港民眾從這些被指定的候選人之中普選出香港的行政首長，這種不完全的民主，引發香港人的熊熊怒火。

接下來幾週，香港出現了令人難以置信的抗議場面。在玻璃帷幕的高樓與高樓之間，原本供口袋飽飽準備購物的逛街人潮從一處商場轉移到另一商場的高架人行道上，湧現了數萬名群眾，他們抗議北京政府所提供的普選既不自由也不公平。

雖然發出怒吼，但群眾仍保持和平理性，手上持有的抗議工具只是海報和五彩繽紛的雨傘，本地人口中的「有彈性的彩虹」。這些雨傘一開始是為了擋雨，之後則用來遮擋警察試圖驅散群眾時噴灑的胡椒噴霧。最後，大家紛紛撐起了黃色雨傘，因為黃色長久以來就用在普選運動相關的事務上，可說是香港和平反抗的象徵。

所有人都感到驚訝的是：群眾怎麼樣都不願意回家。從北京政府到香港的運動人士，乃至世界各國新聞媒體的政治評論員，都對群眾的堅持表示難以相信。整個城市停止運作。一開始是學生發起抗議，後來全香港的民眾紛紛參與；他們搭起帳棚，就地造了廚房，烹煮麵條，還規劃了讀書區，就是要留在街道上，有些人甚至一待就是好幾個星期。

在外人看來，香港人此行動若稱不上樂觀主義，起碼也展現了大規模的集體效能——畢竟抗暴警察大批聚集，配備著齊全的催淚瓦斯和胡椒噴霧。香港人展現了渴望改變的集體欲望，相信以少能勝多，以弱能抗強，黃色雨傘抵擋得了黑色警棍和警槍。

心理學家亞伯特・班度拉認為，這種對於人類力量的共通信念，不僅只是每一個參與者的自我效能全部加起來的總和；這信念本身就是一種全新的力量，是存在於集體才能出現的力量。然而，這種想要得到更大的社會改變的集體渴望，跟單一個人有何關係？群眾當中的每一個男女女是如何跟這樣的改變產生關連性？微量如何變成巨量？

抗議結束後一、兩個月，北京仍無具體的讓步。支持民主的香港民主黨主席劉慧卿（Emily Lau）長久以來就是中國政府的眼中釘，這時，她坐在她位於香港立法會的議員辦公室中。過去五十年來，如果說有誰的歷練和劇烈改變足以撼動香港，而且也足以促成香港改變，那人非劉慧卿莫屬。她說，其實她本人沒有多大的改變，只是她這個人的 raison d'etre（法文，指存在的原因或理由）就是環境的改變。

她坐在有資料堆積如山高的桌子後，她身後的牆上貼了一張「我是查理」（Je Suis Charlie）的海報——這是在二〇一五年法國查理周刊總部遭受恐怖攻擊之後出現的文宣口號。在這張海報旁，則是《時代》週刊以「雨傘革命」為主題的封面。在資料和海報的襯托下，劉慧卿顯得非常嬌小，但氣勢逼人。她身穿一件合身的羽絨外套，顏色正是代表抗議的鮮黃，可以想見這並非巧合。她從抽屜拿出一條包在透明袋裡的黃色皮革飾帶，飾帶上有「愛」與「和平」字樣。這兩個詞彙讓我想起雷・畢夏普手臂上的「自由」刺青，但劉慧卿要的自由顯然與他的不同。

「我們知道抗議終得結束。」她說，看著小袋裡的皮革飾帶，然後把它像遞名片一樣遞給我。「大家能在街上待那麼久當然是好事，很勇敢，可是這樣是不對的。」她神情焦躁，對著身後那張《時代》週刊的放大封面彈了一下手指。「這不是革命。其實他們不想推翻政府，這是爭取普選的運動，非常和平，但他們沒有動搖。所以，要怎樣才能讓他們移動？催淚瓦斯？沒有用的。還是要用水砲？難道要派人民解放軍來鎮壓？坦克車？像天安門那樣？」

劉慧卿不介意自己作風嗆辣，畢竟她從事的就是具有煽動性的工作。但她的論點是要有策略。革命可以失敗，但運動要持續下去。這運動既關係著為什麼要改變，也關係著要如何改變。

「總之，我很確定我們會改變。」她以爽朗的口吻說道，伸手往桌上的一疊資料猛力一拍。資料上頭擱著一支智慧型手機。

「妳這麼確定？」

「是的，但我不知道改變何時會發生。說不定在我有生之年都看不到香港真正民主。」即將過六十三歲生日的劉慧卿望向窗外，遠方海灣湧起浪沫，九龍地區的高樓聳立。「小改變是有的，但我們說的是最終極的目標：完全的民主，而民主在任何地方都是經歷幾代人的奮鬥和犧牲才能換來的，所以——」

她的手機開始震動。

「不好意思，等我幾分鐘，好嗎？」她說：「記者要問我今晚記者會的事情，我跟他們 WhatsApp 一下——」她的兩個拇指飛快地在手機上打字：「這種通訊軟體真是好用。」

劉慧卿曾在美國求學，其後去了倫敦政治經濟學院待了一陣子，後來進英國廣播公司（BBC）工作，然後在一九八四年返回香港定居。那年，正是英國和中國政府針對香港這個英國殖民地的未來共同發表《中英聯合聲明》的一年。幾年後，她辭掉記者的工作，專職投入政治。接下來二十幾年裡，隨著香港主權從英國移交給中國，劉慧卿全心投入爭取香港的民主，一開始是和英國政府長期爭取交涉，而後對上北京政府。如她所言，透過這種喧囂吵鬧的溝通方式，她得以把所有事情搬到檯面上來討論，「不管是英國政府或中國政府，他們對待香港的方式都讓我很鄙夷。對了，妳要不要喝茶？還是開水？」

劉慧卿結束了跟記者的 WatsApp 溝通。「妳剛才說到哪裡？」她一邊問，一邊以誇張的手勢按下手機上的傳送鍵。

「妳個人是否曾因這樣的奮戰而感到疲累？」

「我這個人很堅決，不會放棄的。我想這是因為我的個性像一枚鑄壞的硬幣，就是一直要被人注意到。」她哈哈大笑，繼續說：「讓我劉慧卿堅持不懈的，正是這個我被問過起碼兩百次的問題，而我的說法始終如一。」她傾身向前，以誇張的表情睜大眼睛說：「我不想讓任何人從我身上踩過去，我這人不會退縮，我一定會反擊。所以，當我看到不公不義的事，我不在乎對方是誰，我就是要大聲說出來。」

劉慧卿的不屈不撓從幾件事就可看出來。其一是她曾在銅鑼灣的街角，拿著擴音器和一個紙箱就開始募款。「我在短短六到七小時內，募到十六萬港幣（譯按：港幣兌台幣大約一比四）」。另一件事是，她針對個人資料洩漏一事，逼使中國政府站上法庭並輸了官司。「他們氣壞了！」她說她這種脾氣大概遺傳自母親。她的母親個頭嬌小，不能讀書也不會寫字，但是有膽子對著上前來無理干涉的兇狠官員大聲咆哮。劉慧卿回憶起母親，臉上帶著孺慕之情。這就是那個想要改變的集體渴望所包含的個人層次的渴望，一種對個人生命自主權的需求。在香港這幾年的騷亂中，任何想恫嚇劉慧卿的勢力都撼動不了她的一貫作風，這些恫嚇勢力無所不用其極，譬如在她的辦公室門口懸掛排泄物、有二十年時間禁止她進入中國，以及長期的監視。她說，她不覺得自身有危險，「到目前為止還沒有」。她的堅毅有時會被說成是頑固，也難怪香港末代總督彭定康（Chris Patten）會說劉慧卿是個「瘋子」。

說起彭定康這件事，她不滿地啐了一聲，即使已是二十年前的往事。「他認為我緊緊抓著不可能的事情不放。他甚至提出那種被我稱為『一滴民主』的方案。」她翻了個白眼。「他還說，『妳為什麼不接受？妳要完全的民主，但那明明是不可能的事，妳還繼續拿頭去撞這道磚牆，何苦呢？為什麼要去追求不可能的東西？』偏偏我幾十年來做的就是他口中的不可能的事。」劉慧卿笑著拍了拍她的一頭黑髮，說：「而且到現在一顆腦袋還是好好兒在脖子上。我或許給人不屈服、不妥協、不讓步的死硬形象，但事實上，如果你看看我過去在立法會的表現，就知道我是很實際的人。我經常說，政治是一門講究可能性的藝術，我了解，事情要成，多少得妥協，但妥協是有限度的，而在某些重要的事情上，比如人權和民主，我是不會妥協的。」最後一句話她說得鏗鏘有力，小巧的手握成拳頭，往桌面捶下。

一

一九五九年，紐約市哥倫比亞大學一位社會學教授提出了一套前所未有的新見解，這套見解就跟他本人一樣特立獨行。身材壯碩的查爾斯・賴特・米爾斯（Charles Wright Mills）出身德州，他熱愛機車，討厭穿多數同儕都會穿的規矩法蘭絨襯衫。在靜謐莊重的常春藤學院內，他是非常突兀的人物。然而儘管如此，或者該說正因為如此，所以他能鑽研出一套新的思考方式，用來深究為什麼我們想改變，而這套新的思考觀點也成為二十世紀的社會學支柱。

米爾斯的這個龐大觀點，出於他對彼時社會科學的某種趨勢的嚴厲抨擊。當時社會學的趨勢是把個人和社會看成兩個截然不同的概念。但米爾斯認為，我們不應該將這兩者區分開來，而應該要努力了解微觀和巨觀這兩者之間的關聯，也就是個人在生活中遭遇到的「個人難題」和社會整體的「公共議題」之間有何關聯。他的核心觀點是：社會歷史的大規模構造，與個人經驗的情感及各種小決定息息相關。若能對這兩者之間的聯繫具備「鮮明的意識」，就擁有了米爾斯所說的「社會學想像」（sociological imagination）。由此，在社會學的想像之下，對於人為何想改變的一致性觀點，就有了另外的詮釋。那個一致性的觀點，充分展現於十九世紀英國詩人雪萊（Shelley）那首談論人類力量的偉大政治詩〈暴政的假面〉（The Masque of Anarchy）中。

如驚醒的獅子般奮起
沛然莫之能禦
掙開沉眠時捆縛的枷鎖
如甩落露水
他們一小撮，你們千千萬

Rise like lions after slumber
In unvanquishable number
Shaken your chains to earth like dew
Which in sleep had fallen on you:
Ye are many—they are few

對此，米爾斯的重點是：在每一個共同追求改變的社會運動中，也都有個別的異質的故事，並不都是像獅子驚醒那樣般勇猛無懼。比如二〇一四年香港的黃雨傘運動背後，就有這樣的一面。七十九天的占領，城市街道上流動的不是完全同質單一的群眾運動，而是多元的個體和背負著各自「個人難題」的人的組合，他們只是在民主的「公共議題」上合而為一。

很重要的一點，米爾斯致力於讓社會學這個變得理論取向的學科增加一點人性，因此，他就跟愛彌爾．庫埃一樣——儘管兩人是出於不同的理由——是把人類的想像力和追求自主的欲望放在最關心的核心位置。說到底，我們為了什麼想要改變世界，這跟我們為了什麼在較小層次上想要改變自己，原因並沒有太大的不同。只要我們可以學著這樣去思考，那麼就很有理由樂觀了。

如果拿看似理論性的問題問劉慧卿——比如什麼是改變？這是什麼意思？改變的感覺像什麼？——她就會變得不耐煩。她規避這些提問，直接把話題拉回到她這輩子所著眼的實際核心論點。她顯然不希望把事情理論化，她想要的是做成事，所以才會投身於政治。

「你知道嗎？我結婚兩次，離婚兩次。」她說，伸手拿起一疊紙往另一疊上面堆放。「我記得有個朋友對我說，『慧卿，妳根本是嫁給工作』。」她揚起眉。「多年來，我花了很多時間在立法會，這是我想要的，如果——」她嚥了嚥口水，繼續說：「有人無法接受，只要他們說『好，掰掰』，我也會說，『好，掰掰』。應該這樣說吧，我不是嫁給工作，我是嫁給香港的利益，所以，所有跟家庭有關的事都排到第二順位了。」

雨傘這個英語字umbrella源自拉丁文umbella，指的是保護傘狀花序的花瓣。在廣東話中，「遮」（即「雨傘」）這個字指的既是擋雨的便利工具，也有遮擋或阻撓的意思。對劉慧卿來說，這個字既象徵著她的生活，也象徵著她所參與的改變運動。

「相信改變會成真，這一點非常重要。」她說，瞥向窗外那條名為添美道的大街，街上仍有最後幾頂帳篷還沒撤，帳篷上裝飾著風鈴和黃色緞帶。「因為它代表希望，尤其是政治人物，一定要給人民希望。保護是有必要的，但如果他們看到的是完全的黑暗、悲觀，沒有希望，不可能改變，他們就不可能跟你站在一起。此外，政治人物還得跟其他人合作，因為，單靠你一人不可能創造出改變。不過，政治人物和其他人也不可以永遠都太過樂觀——」

「妳不是樂觀主義者嗎？」

「不是。」劉慧卿以堅定的口吻回答。

「不是嗎？」

她搖搖頭。

「我是個現實主義者。我還記得一九九七年香港主權從英國移交到中國時，有個外交官對我說：『劉小姐，妳可不可以告訴我，為什麼妳對香港的前途始終這麼悲觀？』我告訴他，我之所不樂觀，是因為見不到太多可以讓我樂觀的理由。」

她以幾近咆哮的口吻說出這句話，然後往桌子一拍，彷彿要人全心聽她說話。她斬釘截鐵地說：「可是，我是很正面的，永遠為追求民主而奮鬥，我沒辦法保證明年或後年夢想就成真，畢竟我不能欺騙人民，但我也絕不會說，我們要的永遠都不可能實現。所以，我會說，我們必須努力奮鬥，終有一天或許會達成願望。」

她起身，拿起一疊資料準備去開會。「你知道嗎？我認為，只要我們一起努力，就會成功。」我想，這就是劉慧卿今天所要傳達的重點。

第4章　為了在辦公室的美好一天

「重要的是愛和工作。」心理分析大師佛洛伊德曾經這麼說。（關於愛的課題稍後再說，這章先談工作。）只要你曾經刪除過那些寄件人名字不可信，而標題盡是你的夢想工作是什麼？前所未有的最佳生涯建議！的電子郵件，就會知道，這類主題之所以會成為絕佳的垃圾郵件，正是因為世界上多數人的不滿都來自於工作的世界。嗨，是不是很疲累呢？賺的是不是比希望的更少？呃，沒錯啊，垃圾郵件先生。然而，這些垃圾郵件點明了很嚴肅的一點：就跟第一章提到的警察考克森一樣，促成我們想要改變的欲望，經常就是工作。

二〇一六年一月，蓋洛普民調公司公布一份針對一百四十萬名受雇工作者所進行的調查發現，職場普遍存在著快樂危機。根據調查，在一百四十二個國家中，只有十三%的勞動人口「全心投入」工作中，有六十三%的人「不投入」、「工作時宛如行屍走肉，花了時間工作，卻沒投入能量和熱情。」另外有二十四%的人「積極地不投入」，也就是說，他們「不但在工作中不快樂，還會忙著以不適當的方式表現出他們的不快樂」。若有人不知道我們為何想改變，從這裡就看出：有多少人渴望事情可以變得不一樣。

這份調查之所以能吸引媒體的關注，當然是因為工作上的不滿足對全球經濟造成了巨大損失。蓋洛普調查的數據，清楚列出了快樂的工作者與不快樂的工作者的產值差異高達每年千億美元。

面對這項課題，柯林．普萊斯（Colin Price）自詡要來減輕這些損耗造成的代價。普萊斯一頭灰髮，身材頎長，略顯清瘦。他今天一身深藍色系裝束，從頭到腳趾一片深藍。從夜空色的軟質針織衫袖口露出一只價格不斐的腕表。通常大師級人物的名字不會叫柯林，但是他就是叫做柯林。柯林．普萊斯是位頂尖的顧問，專門教人改變，可說是改變大師，但他從來不這樣稱呼自己。在這方面，他很務實。讓他威名遠播的事蹟之一，就是他有辦法讓一大群工作者了解到自己想改變什麼、需要改變什麼，然後幫助他們做到改變。乍看之下，他的能耐是以外在成就來展現，就跟第三章的香港政治人物劉慧卿一樣，只除了他所做的事並不出於政治良知。然而，從兩個角度來看，可以說這種看法是錯的。其一，柯林的工作實際上比想像中更要涉及良心；其二，他所做的事都是在微觀層次改變人的心智和行為。

「我最生氣的事，」他從那台閃閃發亮、排滿礦泉水瓶的大冰箱裡拿出一瓶水，放在厚實的玻璃桌上，說：「莫過於被人當成房仲業者對待。我這樣說沒有瞧不起房仲的意思。只是當有人表現出這種『喔，你只是來這裡賺錢』的態度時，我真的會很不高興。對，客戶付很多錢給我，但我認為我不只是來賺錢，我的真正角色是企業醫生。我來，是為了讓企業變得更健康，但大家對顧問的印象都是拿個附有紙夾的筆記板和計算機在計算，但這完全不是事實。所以，我真是可憐。」他說完後哈哈大笑，伸出手把光亮無瑕的桌面上某個看不見的碎屑抹掉。「我的工作就代表我這個人，這點非常重要。總之，我就是相信如果這世界快樂一點，會比較好，所以如果想到有人像戲劇作品《推銷員之死》（Death of a Salesman）裡面的主角那樣過生活，一日復一日，毫無個人意志，我就很難過。這樣過日子，不是痛苦嗎？」

柯林・普萊斯在倫敦一間顧問公司擔任管理顧問長達三十年，該公司有十五人曾擔任世界知名顧問公司麥肯錫（McKinsey）的總監，而最近他自己的小型顧問公司被國際性的人力資源龍頭海德思哲顧問公司（Heidrick & Struggles）收購。這一行通常不以理想主義著稱，這裡只把雨傘用在下雨天，不是用來爭取理念，然而，柯林說他是因為政治信念才「無意間接觸」到這一行。他在學生時代對新馬克斯主義那一套關於勞動與資本的論述充滿熱情，但時間一久，這種戰鬥精神逐漸被另一種觀點取代：若想要幫助社會大眾的處境有所改變，也許不要透過跟資本主義對戰，而是要置身在資本主義裡面發揮影響力。

「我還記得當年念書時，」他說：「有個教授在課堂上播放了美國喜劇影集《我愛露西》（I Love Lucy）。其中有個片段，飾演男主角的德希・阿南茲（Desi Arnaz）對飾演女主角的露西兒・鮑爾（Lucille Ball）說：『妳就不能快樂嗎？』她回答：『生活中不是只有快樂』，這句話可說是重點了，因為人生最要緊的當然莫過於快樂。」柯林從裝置了華麗簾幔的挑高窗戶往外望，看著一叢小樹苗。「這件事，在我心中盤旋了很多年。後來我發現，我的政治理念和謀生工具之間可以有一個樞紐點，那就是設法讓企業組織變成一個運作更良好、但同時也有人性、更快樂的地方。」

這位企業醫生柯林，早期經常強調企業環境要有快樂，到現在偏好說成是「組織健康」。他說，當年他開始從事這一行時，業界完全沒有工具可以衡量一個組織的工作文化如何，當年幾乎沒有「組織文化」這種概念可言。但柯林和其他專家透過實證方式，證明了企業若是「健康」，就能生產出「更好的成果」。而所謂的健康，是指組織內的勞動力是快樂的，且能全心投入工作，知道自己所做的事情有何意義，而且組織會提供工具，並且採用具體的鼓勵方式。他伸出兩根關節顯著的手指頭，開始細數他所謂的成果：「一是賺更多錢，二是生活經驗更豐富。」然後補充道：「也就是說，軟性的東西會影響硬性的東西。經濟現實和我們的世界經驗之間有一種合成關係。過了這麼多年，能讓我覺得引以為傲的工作是那種能彰顯出『我們是誰』的工作，然而，現在你除非有錢做基礎，否則『我們是誰』這種事是玩不起來的。」

現在，柯林．普萊斯非常擅長掌握企業的現實政治了，而這正是組織文化的改變之處。企業高階主管們不管讀了多少本最新的企業成長書籍，不管怎麼樣公開宣稱自己關心員工福祉，通常資深主管只有到了說好聽叫做「績效關鍵時刻」的時候——或者用柯林的話來說，這些主管是在發現情況不妙的「靠，完蛋了」的時刻，才會想到要去找柯林這樣的顧問求救。在大企業中，組織由於追求透明化所帶來的壓力，以及資本市場的快速變遷，造成企業執行長的任期縮短，從一九八〇年代初期的二十年驟降至現在的六年，出現「靠，完蛋了」的時刻愈來愈頻繁，這就是為什麼，近年來關於企業改變的計畫需求，像柯林說的那樣「砰」地暴增。

至此，或許是時候來回顧change這個字的字源。這個字在字源學上曾有一、兩次的轉折跟市場有關，據說是源於原始印歐語（Proto-Indo-European）的字根kemb，意思是「彎曲」或「使成鉤形」，這在拉丁文中有好轉的意思，明顯帶有商業的目的。在古典的拉丁文中，cambire一字的意思是交換或以物易物，後來轉化成日常用語cambiare這個字；這時，在交換的一般性意思之外又增添了商業色彩。從此之後，這個字就跟其他字一樣，隨著語言潮流而演變。後來體現在古法文中，還是帶有市場的買賣叫聲，成了changier，意思是「交易交換」或「轉換」。直到十三世紀，change這個字終於出現在英文中，之後經過幾百年，才甩去一些跟交易有關的意涵，但多少仍保留了類似的意義。十五世紀，change才開始有換衣服的意思概念。而在當代的英語中，change這個字的用法仍迴盪著硬幣叮噹響和議價的聲音為了審慎起見，我無法在此列出柯林．普萊斯的客戶名單，但我可以保證，名單上的客戶絕對是家喻戶曉的名字，包括了大企業、金融部門和公家單位。一想到這些構成社會核心的組織一家一家面臨困境，不免讓人心驚，然而若是知道有柯林這號人物可以求助，也就讓人寬心不少。待在柯林的公司一、兩個小時之後，你會覺得他連你的人生問題都有辦法理出頭緒。這是因為，柯林．普萊斯提出了有力的洞察，說明我們為什麼要改變，以及如何駕馭欲望，而且他的洞見不限於商業領域，還適用於個人生活。

他提出的洞見之一是一種「劫難說」，這說法會嚇到懷抱著改變希望的人。他說，在組織裡有一種傾向，許多當老闆的人會針對組織狀態進行些微的調整，然後就把這當成「徹底的文化轉型！」柯林嘲笑了這種老闆一番，然後開始描述這種作法：「有時候，在舊模式裡構成你強項的東西，對於新模式是沒有幫助的，這種時候就需要真正的轉型。想一想蝴蝶、毛蟲和蛹。換句話說，讓你紮根的東西，是無法幫助你飛翔的。」

因此，柯林不同意一種常聽到的說法：多數員工在心理上會抗拒大規模的改變。他認為，員工根本不會這樣；員工所抗拒的和害怕的，是損失。柯林的這項直覺觀點，指出了一項著名的認知謬誤——這個認知謬誤早在一九八四年即由心理學家丹尼爾·卡內門（Daniel Kahneman）和艾默斯·特福斯基（Amos Tversky）辨認出來：這是一種避免損失的心態；人們由於厭惡損失而造成的心理衝擊，會比等量的收穫來得更大。柯林指出了幾種主管傲慢心態，其中之一就是把員工這種害怕損失的心理解讀成抗拒改變；主管出於這種誤解，往往會對柯林說出這些話——柯林以誇張的口吻開始模仿——「我明明做的是對的事，但實在管理不了那些員工，你可以幫我管管他們嗎？」模仿完，他發出厭惡聲音，說：「事實正好相反。其實，員工會在一旁期待看到你要做的改變，心裡想著：這對我有好處嗎？會不利於我嗎？如果他們發現你所做的改變對他們有利，他們根本不會抗拒改變。」

柯林說，這就是為什麼追求改變的人需要準備一套吸引人的故事，讓那些即將會因改變受到衝擊的人聽到這故事時會覺得興奮。此外，不能只是放一把火燒掉過去或現在。柯林的看法也呼應了雷·畢夏普的故事，他說，如果只是讓人看到放把火熊熊燃燒著過去，這種作法很難激勵別人改變，雖然說這種作法很普遍。你應該做的，是給員工看到一道代表著未來希望的「閃亮光束」，而這樣的光束可以透過有計畫的想像力來建構。他說，在探究為什麼要改變時，應該問問自己下列五個關鍵問題：

1.（誠實面對）現在我們是處在什麼樣的情況中？
2.（從實際的角度來看）我認為我們應該處在什麼樣的情況中？
3. 從這裡到那裡的過程中，可能會遇到什麼風險？
4. 我們能否想像五個需要最先採取的步驟是什麼？
5. 為什麼改變很重要？

把這些問題編入一齣跟改變有關的劇本，這樣一來妳就有了方向，接著就剩下布置舞台，讓改變去發生。

——

如果你認真在想著改變，讀到這裡，應該會起身去拿紙筆。接下來還會有很多實用的智慧。柯林原本坐在椅子上，這時他傾身向前，用手在桌上畫出一個隱形的圖表，然後站起來，踱步，說了一些聽起來跟商業有關的行話。但從他的話語裡聽得出一種強有力的內涵：他畢生的助人經驗在於協助許多日復一日過著乏味生活的人改變工作方式。他處理人的掙扎和恐懼，以及人們的自我本位心態和由此所犯下的過錯，從中看出他們內心深處都希望自己能喜歡自己謀生的差事，對此他表示推崇。柯林說：「你不必喜歡客戶，但一定要愛他們，要能看出他們那些不好的行為是出於什麼因素，因為這些行為背後有很多人性因素，而且那樣的行為其實是一種契機，讓人有機會把世界變得更好。」柯林經常提到改變世界這件事，但慢慢你會發現，其實他真正在說的是如何改變人，讓人得到新的自主權，能把壞日子換成好日子。

—

柯林．普萊斯忙著討論他所謂的「最重要議題」：組織的領導人對於改變所採取的速度能有多快。他說，從測量結果和事情本質來說，關於速度的這一點比其他因素更能提高績效——這裡有我們可以學習的功課——在那之後就會有讓人稱奇的事情發生。

到這裡，柯林．普萊斯已經花了將近兩小時在談人們想要改變的欲望、改變的需要、原因、想要改變什麼，以及何時改變。但當我問到如何改變，也就是那個真正能造成改變的神秘過程，他說：「好，我們知道大概有三十個條件可以讓改變發生，包括訓練、聘僱新人、建立明星團隊、說故事、強調後果等等。我們知道這些很管用——」說到這裡，他停頓了大半晌——「但有個大問題是我們不知道的。我們不知道真正發揮效用的是其中哪一種。比如第十三種作法到底如何，我們毫無所悉，是很棒？還不錯？普通？不好？還是很糟？我們無法測量。所以，在這個領域，過去五十年裡的重心都放到組織文化上面，而組織文化是可以測量的。接下來五十年，重心需要轉移，變成『改變就是這樣建構出來的，結合了各種方法的交互運用，造成變化。因為，到這一刻，對於改變這件事的認識，我們根本還只站在山腳下。』」

又一陣沉默。

「那，你要怎麼辦到？」

「要聽真話嗎？」他說：「我就坐下來，拿出一張紙，想著：我想應該是這樣做吧——」他露齒而笑，彷彿很高興他終於可以吐出這句他壓抑許久的真心話：「想到這個，我就經常對自己微笑，因為當我寫下該做的事情後，通常得花五年的時間，花好幾億甚至數十億英鎊才能達成，而這樣的艱鉅工程全都從一張紙開始，而且，沒錯，是有那麼一點兒出於直覺。」他說，聳聳肩。

「這會帶給你一種握有大權的感覺嗎？」

「是的。」他說完，放聲大笑。我看不出他是說真話或者開玩笑。

——

這場關於改變的機制與神秘原因的對話，是在一處富麗堂皇的背景下展開：英國巴斯市一棟以黃金石打造的別墅，室內裝潢極其奢華，非常具有現代感，光鮮亮麗的線條、大膽的配色、大幅的抽象現代畫，屋內四處擺設著充滿藝術感的裝飾品。柯林說，他共有三棟房子，這只是其一，另一棟「大房子」在法國，還有一間在英國康瓦爾郡（Cornwall）。「最近正要買下倫敦的一間房。」他說：「所以啦，我生命中的一大改變，就是我由於這個工作而變得有錢。不過，你可要持平看待我的富裕生活喔。」

直到這時，訪談已近尾聲，我才知道柯林．普萊斯自己的轉變幅度有多大。他提到自己出生於英國北部的格拉斯哥市最貧窮的區域——他的口氣帶有幾分猶豫，彷彿不確定他個人的故事是否能吸引我，或者是否跟訪談主題相關。他說，他們租來的房子沒有浴室，「所以我們會去游泳池的淋浴間洗澡。」他說。他父親失業後，怎樣都找不到工作，最後全家南遷到普雷斯頓市（Preston），在那裡「簡陋的學校、社會住宅、不良行為處處可見，使得我十一歲之後的人生宛如噩夢。」柯林笑一笑，繼續說：「那種生活，絕對不是從小懷著我要上伊頓中學然後進入高盛集團工作的人生藍圖。我的人生截然相反。但後來——」他又停頓片刻——「嗯，我打拚出一番截然不同的光景。或許這就是為什麼我說人怕的不是改變，怕的是損失，因為對我來說，改變是一件正面的事。總之，我完全不怕改變。」說完，他往椅子後方一靠，環視屋內。

第5章　為了活下去

這個人也坐著，但不是坐在優雅的透明壓克力椅上。時值一九九四年四月初，地點是非洲的盧安達，南部一個小村落裡的一間泥巴地的小屋裡。這人一手拿著矛，另一手拿著大砍刀，在這忙碌的早晨，坐在一個倒過來放的umuvure上，好讓雙腳稍事歇息。umuvure是一種獨木舟形狀的木製容器，用來盛裝發酵後被壓碎的香蕉泥，再加入高粱，就可以製造urwagwa，也就是香蕉啤酒。

接下來要講述的故事，展現了非常不一樣的社會流動性，而且把一個人對人生的預期摔成粉碎，然而這故事所呈現的光亮和黑暗如此突出，值得拿起一把號角，大吹特吹，呼喚那些向來不願相信人可以多麼渴望改變的人們來好好兒聽一聽。

「他們在哪裡呀？」這男人以若無其事的口吻說：「艾波林內爾一家人？」

另一個人，手上也拿著矛和大砍刀，踱步環視這間以木薄板當作牆壁，屋內只放了一張矮床的屋子。「目前看不出來他們已經被殺死。」他說：「所以一定還在什麼地方。」他瞥向一扇沒裝玻璃的窗戶，外頭是顫閃的熱浪。

過去幾天以來，這些人來這裡幾次了。這間簡陋小屋的主人，胡圖族（Hutu）的費利斯，沉默地搖搖頭。

「少來了！」坐在香蕉酒桶上的人咆哮：「你一定知道卡格魯在哪裡，還有他的家人！」

卡格魯是艾波林內爾的綽號，意思是「腳」。這綽號從他小時候就跟著他，是一些沒那麼友善的鄰居看到他明顯的跛腳後給他取的。

「我不知道。」費利斯說：「我不知道他們在哪裡。」

但其實他知道。他親愛的圖西族（Tutsi）老友，艾波林內爾，此刻就躲在窗外的溝渠裡——費利斯在那裡放了香蕉等待熟成之後用來做啤酒，而香蕉上蓋了厚厚一層棕櫚枝葉。就在手持矛和大砍刀的男人所坐的酒桶底下，有兩個小男孩透過酒桶的縫隙，看著男人的鞋底。這兩個小男孩是艾波林內爾的兒子，十歲的普羅鐵斯和七歲的海帕萊特。更多的質問、更多的否認、更多的威脅之後，兩個男人終於離開了。但他們還會回來的。從香蕉酒桶底下滲出一道尿液。

兩個男孩是費利斯的乾兒子，躲在這裡好幾天了，晚上他們睡在費利斯夫妻的床底下，而艾波林內爾則躲在溝裡，假裝是熟成發酵中的香蕉。夜幕低垂後，晚餐時分，兩個兒子就會溜出來幾分鐘去看看他。他們聽著大人跟他的父親談，哪家人在哪裡被殺害了，以及他們是如何從躲藏的地方被驅趕來。大家都吃得很少。

這種緊張氣氛持續了好幾個月。艾波林內爾費盡千辛萬苦，從田地回到家。田地裡的作物被偷了，而茅屋旁的小田地沒能提供什麼糧食。不多久，從收音機傳來新聞報導說，總統的飛機失事撞毀，全國震驚。二十四小時內，他們打包好少許家當，把帶不走的東西埋在屋旁的香蕉田裡，倉促地穿上他們所有的衣服，趕緊逃命。男孩和父親逃往費利斯家的方向，母親和姊姊逃往另一個方向。而一場殺戮開始了。

殺戮血洗將近一星期，溝渠裡香蕉的七天發酵期也到了。艾波林內爾必須冒險上路，趁著黑夜前往密比瑞茲（Mibirizi），去一間規模頗大的天主教宣道會教堂，很多圖西人在那裡避難。兩個男孩或在床下或在香蕉酒桶底下多待了幾天，而那些人不斷回來盤查。外頭緊張情勢升高，沒多久，小孩也不比父母安全了，他們也成為屠殺的目標。於是，有個星期天早上，費利斯的妻子牽著普羅鐵斯和海帕萊特兩兄弟的手，假裝他們也是她的胡圖族的孩子，裝成是一家人的樣子走到教堂，渾然不知隔天將要發生的事。

—

海帕萊特・奈提古瑞瓦（Hyppolite Ntigurirwa）現年二十一歲了。他說著自己的故事時，人坐在一間偌大但空蕩的研討會教室裡，這裡瀰漫著全新塑膠和白板簽字筆的氣味。今天是假日，大學校園靜悄悄，石板灰色的百葉窗拉了下來，遮擋住富含水氣的英格蘭陽光，從門上方仍洩入一道炙熱光線。他全身上下從衣服到鞋子，都是苔蘚綠搭配米色，黝黑而光滑的臉龐看起來坦率開朗。在教室這種乏味的現代化水泥盒裡，他的存在彷彿是某種輕盈的有機物。他在美耐皿材質的桌面上徒手描繪了那幾幕大滅絕似的情景，口中敘述著可怕事件，卻面露微笑，彷彿不希望他的故事對聆聽者造成任何傷害。

他說到了他如何抵達密比瑞茲的教會，跟父親團聚；他說置身在幾百個圖西人當中，他和哥哥首次知道什麼叫安全。隔天早上，哥哥普羅鐵斯返回村子去拿食物，就在他離開後幾小時，教堂成了一片煉獄。一開始是迫擊砲轟向建築物，接著，海帕萊特口中的「屠殺者」跑進教堂，開始點名。

「然後，他們就開始——」他停頓，但仍帶著微笑——「他們開始，他們開始，殺人。」

艾波林內爾抓起海帕萊特的手，父子倆逃出教堂，海帕萊特躲在一處濃密黝黑的樹叢裡，父親就在幾尺外。兩、三個小時過去。

「躲在那裡，什麼都聽得清清楚楚。」他說：「他們抓人、殺人，就這樣持續了好幾個小時。」他的目光穩定地看著同一個方向。

然後，由於躲在香蕉溝好幾天而得了感冒的艾波林內爾，犯了一個致命的錯：他咳嗽了。

「就像是獵人找到了動物。」海帕萊特說：「他們找到我父親，只說了這麼一句：『喔，這裡有圖西人，死蟑螂，來吧！』然後，他們朝我躲藏的地方走來，我心想，應該會朝我而來吧，所以我等著，想著我會怎麼死去，我想我必死無疑。但他們就這樣走了過去，去殺了我的——」他清清喉嚨。「我知道他們殺了他，但我什麼都不能做。我還記得我爸被殺死時的聲音，他最後發出的聲音。」

海帕萊特沉默了一會兒之後接著說，接下來，殺戮的速度逐漸變慢，幾小時後停止了。接著是可怕的沉默籠罩著。七歲的他從樹叢後方走出來，在薄暮中走向父親的陳屍處。

「我不知道為什麼要走去那裡，總之，我就是走過去了，然後望向他躲藏的地方，這時我看見——」海帕萊特用手指在桌面上畫一條線——「狗。好幾隻狗正在吃我爸的屍體。」靜默許久後，他才又開口。「直到今天，想起那些事，我都不知道該說什麼。我在前往教堂途中曾看過一些死人，但教堂屠殺後，我的四周躺著一個又一個的死人，好多死人在我的四周。」海帕萊特緩緩地吐出一口氣。「屍體就像落葉，散落一地。」他抬起頭，又露出笑容。

拂曉時，海帕萊特回到村子。他找到哥哥，接下來兩個星期，兩人白天躲在乾爸家，晚上，搜索倖存圖西人的行動又緊鑼密鼓展開，他們或是躲在被燒毀的自家廢墟內，或是香蕉田的樹叢中。從樹縫中，他們再次目睹當地圖西人在半夜慘遭殺害，而他們的堂表手足和許多朋友也身在其中，但不知為何——「我們不知道為什麼，也不曉得怎麼會這樣。」他說——總之，海帕萊特和哥哥普羅鐵斯倖存下來。

教堂屠殺後一個月，海帕萊特和哥哥摸索著去到了聯合國難民署（UNHCR）設立在奈亞魯西西（Nyarushishi）的難民營，在那裡跟兩個姊姊重逢。那年年底，情勢穩定，可以回家了，他們和始終躲著的母親一起返家。但家毀了，所以他們在附近的盧安達愛國陣線（Rwandan Patriotic Front）的軍人營待了一段時間。

待在軍營的期間，海帕萊特開始上學，這時，他的人生開始轉彎。他親身經歷過的恐怖見證之所以能成為有力的轉變故事，全是因為接下來發生在海帕萊特・奈提古瑞瓦身上的事。

—

在這場盧安達種族大屠殺發生之前八年左右，兩位美國心理學家，海姿爾・馬庫斯（Hazel Markus）和寶拉・紐瑞絲（Paula Nurius），共同發表了一篇論文。在這篇現在變得很有名的論文中，她們提出了一種新的思考方式，來處理「我是誰」這個議題的範圍和作用。這篇標題為〈可能自我〉（Possible Selves）的論文，核心論點很簡單卻具有革命性的意義：有很大一部分的我們（而且是被忽略的部分）並不是存在於當下，而是存在於未來之中。也就是說，我們不只是我們今天感覺到的自己，也是我們想像中明天會變成的自己。

心理學家認為，這種想像中的未來自我，具有幾個很重要卻違反直覺的特色。首先，這種未來自我不一定是植基於現實，而可能是經過了對今日事實的冷靜計算之後對明天所做出的想像。此外，這種可能自我也未必就代表最好的情景或狀態，相反的，這種未來自我可能是我們期待中的理想的自己——一個快樂的、健康的、有吸引力的、成功的自己——但也可能是另外一種的自我，那個屈服於幽暗內心裡對孤獨、失敗、貧窮和拒絕感到恐懼的自我。或許，這一群可能自我的最重要特色，就是它們並非獨自出現，而是隨時都有幾個自我會根據當下狀況而一起出現，像一群學童那樣推擠衝撞，試圖引起你的注意。

海姿爾．馬庫斯和寶拉．紐瑞絲認為，由於可能自我的那種難以駕馭的多元性，加上未來的不可預期性、以及當下事實的變換莫測，造成了可能自我在心理學研究領域裡長久以來沒有受到研究。一般說來，科學尋求的核心是鑽研最真確、最中心的、最真的面向，很少把注意力放在馬庫斯和紐瑞絲所說的那種「不斷活躍著的、積極改變著的一系列對於固有自我的認識」，以及這種自我認識的扭曲、它不受拘束的想像力或恐懼。她們的這篇論文說，因此，長期以來我們忽略了生命的構造方式，忽略了我們可以調製、達成或抵抗一群躁動的可能自我。

她們的重點是，這種佯裝的心理狀態，不只是想像出來的背景雜聲，它們不只可以引導我們的希望和恐懼之所向，也能把動機和行為導向實際的層面，形成（馬庫斯和紐瑞絲所說的）一個「連接現在與未來的認知橋樑」。因此，這些從我們騷動不休的想像力而生成的可能自我，就能變成奠基石，讓我們為自己寫出全新的人生故事。換句話說，可能自我就是改變的源頭，有時甚至是救贖的源頭。

——

一九九四年，發生在盧安達那場百日之久的種族屠殺，造成八十萬至一百萬人死亡，光是密比瑞茲區就屠殺了兩千人。對此事件，世界各國無計可施，只能眼睜睜看著它發生。從這件事來看，人類是慘白無望的，而我們也沒什麼理由相信年輕人有能力替自己創造出新的世界，然而海帕萊特．奈提古瑞瓦倖存下來了。事實上，他對於「倖存者」這個標籤帶著一種尊嚴，甚至是驕傲的感覺，因為這就是現在的他，也是將來的他，一個可以帶來驚人轉變的可能自我。

回頭想一想「可預見的人生」這種概念，你會發現，可能自我大概會說艾德．考克森（第一章）不是當警察的「料」，雷．畢夏普（第二章）不可能成為好人，柯林．普萊斯（第四章）沒機會變成有錢的城市雅痞。那麼，想想看，像海帕萊特這樣的孩子，會被什麼決定性的因素主導人生？如果從小出生在茅屋之中——生在一個赤貧的家庭裡，隨後又遇到集體大屠殺，還沒十歲就飽受創傷，這樣的你，會是當什麼的「料」？身心殘破的人？野蠻粗暴的人？染癮者？自殺？

這問題，經常在海帕萊特．奈提古瑞瓦心裡浮現。他說他會很害怕想到「我今天可能變成什麼樣的人」這問題，然後他伸出指頭一一細數可能性：吸毒者、酒鬼、施加暴力的人、一心想復仇的人。「說不定是個軍人，很壞的軍人。」他補上這句。「很多在種族屠殺倖存下來的孤兒，沒有上學受教育，最後就走上這樣的路。說不定，如果我沒上學，就會跟他們一樣。所以我說我很幸運。」那麼，是什麼拯救了他？他深信，除了因為他母親不斷灌輸他不要落入這種可怕處境，讓他有所警覺，也因為他想像了他可以有另一種自我，一種可以透過教育來救贖和轉化的自我。

經歷了種族屠殺後，這個家庭一點一點地重新打造了房子和生活。傷口猶新，但海帕萊特上學了——他的母親總是督促他必須上學——他在學校覺得快樂，而且很快就在班上名列前茅。

他挾著優異成績順利升上高中，然後進入師範專科學校，最後進了位於布塔雷市（Butare）的盧安達大學。大學的學費是由倖存者基金會資助，這件事有時會讓其他同學不滿，但海帕萊特因此更加認識他的遭遇是怎麼回事，也更清楚知道「我是誰」。從他說話的熱切語氣聽來，他還持續在認識自己。這筆資助使得他更認真念書，因為他得設法獲得獎學金，而且要用優異成績為自己的未來想像出在受害之外的另一個可能的自我：一個成功的人。

追求成功，變成是海帕萊特的主要驅力。他是家族裡第一個念高中的人，也是全村頭幾個念大學的人之一。另一種人生的樣貌逐漸在他眼前展開，那感覺，他說：「好像我即將賺錢，即將過好日子，變成中產階級。」他笑逐顏開，合不攏嘴。海帕萊特很清楚自己受教育的目的是什麼。對他來說，受教育不是為了擴展心智、啟迪智性這類模糊概念，而是為了可以感受真實的「生活感」，如他所言，受教育是達到目標的一種手段。

「我所受的教育告訴我，」他說：「一切都是可以改變的。老師們鼓勵我，他們知道我來自貧困家庭，可是，如果我好好兒學習，懂得一個人之所以成功的要素，我就會不斷往前進。」海帕萊特用手比劃出圓球形，把這隱形的球拋向屋內角落，代表他的未來就像那顆球往前滾動。「對我來說，這是真正的療癒。」

有位隸屬於古希臘醫生希波克拉底學派的作家說過：「療癒是時間的問題，但有時也是機會的問題。」所以，可以這麼說：教育讓海帕萊特．奈提古瑞瓦有機會提升個人能力，也讓他有機會在浩劫創傷之後找到方式掌控人生，此外還提供了他另一種改變的可能性，展現另一種可能自我。

海帕萊特在師範專科學校念書的第二年，接觸到了社會學。對他來說，這門學科就像燈泡，指引他認識到人群是如何生活在一起，也讓他理解為什麼人類會互相殺戮、如何相互傷害。後來他進了盧安達大學，主修社會學，後來更專攻衝突社會學，並因此有機會前往五千五百英里外的英國布里斯托大學（Bristol University），也就是此刻他與我談話的教室裡。他是在網路上看過這所大學某位專攻多元文化主義的教授的一場演講，寫了電子郵件給他。這種作法在盧安達的教育體系中是很不妥的，但他這次放手一搏，結果有所回報。經過長時間的通訊往來，一年後，海帕萊特拿到了全額獎學金，在布里斯托大學攻讀碩士學位。

如今的際遇，是那個一九九四年四月某一天，為了保命而躲在香蕉酒桶底下的小男孩那時候難以想像的。而且，如同海帕萊特所說的：「如果真像其他人說的，富者恆富，窮人到死都窮，或者，只有雙親健在的人能上學，那我就不可能在這裡。」他張開雙手的手指，以長長的指頭敲打桌面，用充滿自信的口吻談論家鄉的複雜問題和他對那塊土地所抱持的希望、他能參與的貢獻。你可以從他身上感受到許多種可能的未來正排著隊，蓄勢待發，比如，他想攻讀博士學位，將來當上大學教授，還有那些他寫在筆記本上可以讓盧安達調停的計畫。「說不定，我到最後會變成政治人物喔。」他哈哈大笑。

「想到我是這樣倖存下來了，想到我經歷的那些事，」他說：「讓我學到只要沒死就有希望。而我曾經差點死掉。我看著那些人坐在我躲藏的香蕉酒桶上，正在找著我，然後殺掉我。有時候，你真的什麼都沒有了，只能抱持希望。任何事情都可能發生在我身上，好事和壞事。所以，現在坐在這裡的我才會給自己寫了一張紙條，每天早上拿出來念一遍，展開一天的生活。紙條上寫著：我永遠不會倒下，除非倒下的那一刻出現。這是我的人生教導我的功課，我想，這樣的人生態度很管用。而且，是的，我認為我做得很好。」

他確實做得很棒。從海帕萊特的故事，我們可以看到許多改變的理由和可以採行的方式。其一：過去無法重來；就像雷・畢夏普一樣，海帕萊特也有無法重來的過往，但未來都有救贖和希望。其二：有成長；像是音樂家轉為警察的艾德・考克森；此外，有想要改變世界的渴望，正如劉慧卿（第三章）和柯林．普萊斯。最後，還有快樂人生的嚮往、以及想要掌握自己人生的意念，就像書中談到的那些人。是的，有些倖存者遭遇過極其不堪的事物。印度甘地說過一句名言：「你在這世上想看見什麼樣的改變，就自己變成那樣。」成為自己所想要的改變，這種雙重的意涵，正好呼應了海帕萊特收拾起筆記本，回大學圖書館之前所說的話。那時我問他，他能否原諒殺害他父親和親戚的那些人，他這麼回答：

「可以，我可以原諒，但絕不是因為原諒是件容易的事，不，一點都不容易。至於那些無法原諒的人，我不怪他們，畢竟我也不是立刻就能原諒。我花了好一段時間去思考為什麼會發生這種事，為什麼他們會做出那種行為，到底為什麼？可是，如果我現在的立場是要教導人如何表現善意，那麼，如果我不原諒別人的話，我就無法教大家何謂善意。你自己原諒了，這種身教就是非常好的教學技巧。每次遇見殺害我家族的兇手——他們就住在我母親家附近——我會對他們說Amakuru，這是盧安達語的招呼語『嗨』，我看得出來，他們心裡想著，我們做了那些事，你怎麼有辦法跟我們說話？但我想告訴大家的是：即使你殺了人，你也可能是好人。所以，我原諒了，不是因為原諒很容易，而是因為我想教導那些人和其他人，我們可以創造出一個更好、更善良的世界。」

第二部

我們可以改變多少？

第6章　名字的魔術

來呀，來呀！來看看呈現在你眼前的變形！

偶爾，需要來點魔法，才能讓蛻變發生。一八九三年，一位匈牙利裔的美國年輕人，名叫艾瑞奇．魏斯（Ehrich Weiss），他是業餘的特技表演者，與弟弟希爾多（Theodore）兩人聯手，在紐約市康尼島（Coney Island）的馬戲團擔任串場演出。他們的表演，在拿出了一個二手的大型「移形換物箱」（substitution trunk）之後來到高潮。這箱子是他們的第一件魔術道具，原本是個已有十九年歷史的領帶切割器，他們以低於市價二十五美元向百老匯的領帶工廠買來。在這項魔術中，艾瑞奇（他以艾瑞或哈利之名行走於江湖）的雙手反綁，被裝入大布袋中，接著袋口綁緊。然後，弟弟希爾多把布袋放入一個大盒子裡，盒蓋蓋上，外面加上鎖，推入這個高高的移形換物箱裡。這時，簾幕拉下，遮住希爾多和他那被雙手反綁、也關得緊緊的哥哥。接著，從簾幕後方傳出三次拍掌聲，到第三聲時，瞧！竟然是哥哥哈利以勝利姿態迅速拉開簾幕，而不是弟弟希爾多。而且，等到哈利把上了鎖的箱子打開時，觀眾看到，在布袋裡、雙手被綁緊的人竟然變成是希爾多。這時候，一小群從附近來看演出的人會驚愕地倒抽一口氣，鼓掌叫好，有時還會有人丟一、兩角硬幣到舞台上。

這個魔術二人組有「胡迪尼兄弟」的稱號。這個藝名（或者是可能自我）是當時正嶄露頭角的魏斯家哥哥取的，他讀到了著名法國魔術師羅伯特——胡迪尼的傳記，以此向他致敬。他把他們著名的幻術——道具包括隱藏的門和假繩結——稱為變形。

那個夏天在康尼島，自成一格的哈利·胡迪尼，讓新婚妻子取代了弟弟。他跟迷人可愛的貝絲搭檔，這個「胡迪尼秀」風靡了全世界。他們的表演核心就是變形表演，而胡迪尼自己也因為這些魔術而變成美國史上的傑出藝人之一。

當然，舞台下的真實世界通常無法只靠咒語和幾個繩結就達成改變，你沒辦法用別人來替換自己，也無法雙手拍掌幾下，就把這個不完美的世界變成一個更可靠、更公平或更和諧的世界。這一點，這本書裡的每個人物都再明白不過了。

這種艱難的現實，常讓人以為：真正的改變是做不到的；人無法真正改變，只能囚困在原有的自我、身體和心靈中，將就用著既有的資源，勉力前進。從某方面看是這樣沒錯，我們確實被困在一些條件裡：短腿、稀疏頭髮、笑起來嘴巴往一邊斜。或者以性格來說，心理學家認為人可分成「五大」基本性格——神經質、外向性、開放性、親和性和盡責性——這幾種性格的程度在一個人身上基本上是穩定的，從童年晚期之後直到死為止，幾乎不會變。但，另有一些心理學家提出反面見解（譬如海姿爾·馬庫斯的可能自我理論）。他們認為，性格是有適應力、有彈性的，而且是動態的，一個人的主要模樣除了取決於這些特質的強度，也跟個人的信念、行為、自我感和主體性有關。我們不該忘了大腦有很大的可塑性，而身體的細胞可說是朝生暮死——時間到了自然會發生。兩方各有論點，不過，當我們思考每個人可以真正改變到怎樣的程度時，應該要記住，在這個主題上，專家的意見多所分歧。

專家的意見之所以分歧，或許是因為在某種程度上，這兩方的說法都對。什麼可以改變，什麼不能改變？是要接受自己的樣貌呢，或是要努力去改變呢？對此的答案就是生命的核心。十九世紀小說《變身怪醫》（*Strange Case of Dr Jekyll and Mr Hyde*）中，主角傑基爾博士最終不得不承認他跟內心那個邪惡的分身（海德先生）經常在交戰：「我看見兩種本質在我的意識層面相互較勁，就算我可以公允地說我是其中一個，這也是因為其實我兩者皆是。」傑基爾博士這種激烈的觀點，也可以用來說明我們和改變本身的關係。在某些方面，我們有卓越的能力可以改變，但其他方面我們又很遺憾的無力改變；如果說這兩種情況的其中一種是真實的，那正是因為，這兩種情況都為真。你無法全部都改變，但你可以改變一些東西，而這一事實讓我們必須面對一個棘手的問題：該問的不是要不要試著改變，或者為什麼要改變了，而是，你要改變什麼——心？腦袋？感受？身體？甚或，名字？

這個問題，帶我們來到艾琳娜．西蒙（Alina Simone）鬧雙包的故事，這是一則堪稱為奇特寓言的人生故事，頗類似哈利．胡迪尼的變形手法。

這故事正好發生在夢想之城紐約，一個就像歌曲所描述的「連街道都讓你覺得整個人煥然一新」的城市。我們走上百老匯，從艾瑞奇．魏斯（哈利．胡迪尼的真名）在領帶工廠工作的老地方開始，這裡現在是布魯明黛百貨公司的蘇活區分店。往前走，走過聯合廣場（Union Square）的人工草皮地和市集，然後鑽入小街，走進格拉梅西公園（Gramercy）這片封閉街區。

在這區域裡一棟六〇年代所蓋的二十二層高樓中，一位女性坐在書桌前，深色長髮隨意盤起，一副眼鏡架在頭上。這位女性是第一個艾琳娜．西蒙，你也可以稱她為原版的艾琳娜．西蒙。她身兼歌手與詞曲創作者，出版過三張備受好評的專輯。她剛過四十歲生日，但艾琳娜．西蒙這個名字跟著她還不到十五年。

艾琳娜出生在蘇聯時代的卡爾可夫（Kharkov），該市位於現今烏克蘭的東部。她的父親是物理學家，遭到蘇聯國家安全委員會（KGB）冠上不配合之罪名而被列入黑名單，在一九七六年帶著全家以政治難民的身分抵達美國，那年艾琳娜才一歲。她說，她不記得在蘇聯的生活，也不記得她的人生曾有過那麼重大的改變。然而，在麻州小鎮長大的她，在美蘇冷戰最熾熱的時期，擁有一個聽起來格局很大、很高級的俄文姓名：艾琳娜．維蘭金（Alina Vilenkin）。

「所以我總是在對別人說，我是俄國人。」她說：「在那段時間當俄國人的感覺好奇怪，因為蘇聯政府說要發射核子武器到美國來殲滅我們，新聞上都是那些可怕的事，而我的姓名會讓人立刻聯想到，嗯，我也是美國的敵人。」

艾琳娜說，有年萬聖節，幾個鄰近的孩子用刮鬍泡沫在她家門前的車道上噴出字樣：「共匪滾回去」。「我心想，我不要再當那種讓人想起蘇聯的小孩。」她說：「那種感覺就像是硬要把我跟我根本不記得的過往扯在一起。很多人一輩子都帶著怪名字也不以為意，但我就是覺得，這個名字害我被迫跟我不想說話的人交談。」

在學校，艾琳娜變成「艾麗」，這解決了問題一陣子。可是她和自己名字之間的關係始終很彆扭。一年一年過去，她上大學，而這名字逐漸變成焦點，有時候甚至成為生活各方面的代罪羔羊，所以艾琳娜非常渴望改變。

「我真正想要的夢想人生，」她說：「是當歌手。但我太胖，又害羞，連舞台都不敢站上去。而且我總覺得，我無法破繭而出的原因就出在我這個名字。因為名字是一個人講述自己故事的方式。如果你不喜歡自己，不喜歡自己的名字，那麼你訴說的人生故事就會變得很沒說服力。」

大學畢業後，艾琳娜在德州的奧斯汀市（Austin）待了三年，準備以獨立搖滾歌手的姿態出發，但未能成功，讓她備感挫折。這時她領悟到自己需要有一番大幅的轉變，其中一項改變就是搬去音樂蓬勃發展的紐約市，另外就是要「改名」——艾琳娜談起這事的口氣彷彿這是顯而易見的要點，像她這樣，就非得改名字不可。她咧出笑臉，伸出雙手，以誇張的手勢做出將兩道看不見的厚重舞台簾幕往兩側拉開的樣子。

接下來幾個月，出現了她所謂的「內心交戰」。她提到有次她收到一封要給「艾琳娜・維蘭金」的信。她放聲大笑，但不是因為她覺得這件事很好笑。她把這信封用磁鐵貼在冰箱門上，「貼在那裡長達一年，提醒著我，也刺激我要付諸行動」。終於，二〇〇〇年她抵達紐約，與交往甚久的男友結婚之後，她保留艾琳娜這個名，但開始進行法律程序，把維蘭金這個姓氏改成母親娘家的姓氏西蒙。

「我選擇西蒙這個姓氏，因為我覺得它很美。」她說，抬起目光瞥向格拉梅西公園區內的房子屋頂。「我不想要冠上丈夫的姓氏，而我已經有過我父親的姓氏了，所以現在我要一個屬於我自己的姓氏。」於是她去法院申請改名，終於在二〇〇〇年十一月十七日，「法官敲下法槌定案。」她說：「就這樣，我成為了艾琳娜．西蒙。想到這個艾琳娜．西蒙只有十五歲，感覺真不錯。」

艾琳娜說話很有趣，一會兒露出真誠，一會兒展現機敏，前者提供故事的靈魂，後者則加以輕微破壞，彷彿她知道她所經歷的改變是從某種類似魔術師之手和表演結束時的炫耀姿態。對艾琳娜來說，改名字就像提供了夢幻似的舞台，讓她得以真正改變。

這是因為，艾琳娜的生活似乎就從改名字的那一刻開始有了主體性，而她從嬰孩時期以來的黑白影像從這一刻開始也跟著改變。二〇〇〇年十一月十七日，法院命令生效那一天，艾琳娜說她感覺到她的生命「真正開始了」。她的新名字既展現了她的意圖，也是一種自我實現的寓言。還記得雷．畢夏普所說的「我是個好人」？還有柯林．普萊斯和他的「光束」？對艾琳娜來說，這個嶄新打造的身分給了她勇氣去追求她想要的，也讓她有動力去達成她的目標。她減重成功，成為歌手，擺脫掉舞台恐懼症。她簽到了合約，在二〇〇七年發行第一張專輯，巡迴演出，站上大舞台，出了名，也受到樂評家的稱讚。總之，魔法發生了。

「當然，改了名字之後，生活並沒改變。」她說，並把盤起的頭髮解開，重新再盤起來一次。「你也不會因此就是全新的人，但我想那個新名字就像是我對自己的承諾，對自己說：要改變，變成一個新的人，就像是跟新的自我結婚。而且有點像殺死原本的自我。所以現在假如有人提到艾琳娜．維蘭金，我會覺得她根本不在這裡，而只是一個被塞在衣櫃的軀體。對我來說，新名字不只是對自己的承諾。」她坐挺身子，用朗讀一般口吻說：「妳該成為歌手艾琳娜．西蒙！那感覺就像架好舞台，聚光燈打在妳身上，我就這樣變成一個跟以往截然不同的人。彷彿重生。就這樣。其實換了名字後我沒有做什麼奇怪的事，我先生仍是同一個人，我也還是同樣這一張臉孔，所以，我想——」她說：「對於自己，每個人都有不喜歡的地方，或許不喜歡的地方很多，但你不可能把自己全部都改掉換掉，或者也不該想要全部都改變。既然如此，那你要改變的是什麼？改變之後你會是什麼樣？」

——

「白手起家的人會想要自己決定名字。」說出這番宣示的人是一位備受尊崇的法官，地點在曼哈頓市區，一處離艾琳娜．西蒙的住處不遠的法庭上，時間是一九二三年的一樁訴訟。提出這樁訴訟的當事人，是一個渴望成為電影大亨的年輕人，此人名叫山謬爾．古德費雪（古德費雪的英文是Goldfish，字面意義是金魚），上法院來是想把姓名改為山謬爾．古德溫（Samuel Goldwyn）。審理此案的法官這句話，或許有點瞧不起古德溫這個改名字舉動的意思，但重點是，這位法官自己也有一個讓人難以相信的名字：勒恩德．漢德（Learned Hand，字面意義是「博學的手」）。據說，為他寫傳記的作家在字裡行間暗指，這個蠢名字讓他從小到大都在心裡覺得不自在。此外，勒恩德．漢德本人，從很多方面來看都不是白手起家的人，他的家族是紐約著名的法律世家，他還沒離開搖籃，人生劇本就寫好了一大半。

針對這種白手起家人士與法律世家後代之間的緊張關係，或者艾琳娜的俄文名字所帶給她的苦澀經驗，社會科學提出了某種解釋說明，這像是一種「先賦地位」（ascribed status）和「成就地位」（achieved status）之間的緊張關係。先賦地位，指的是從性別、種族和父母的社會地位而被決定的條件；而成就地位，指的是自身透過努力、行動和選擇所達成的條件。這兩個詞彙，來自於一九三〇年代美國人類學家拉爾夫．林頓（Ralph Linton），他是在探討開放系統與封閉系統的社會時創造出了這兩種概念。開放系統的社會是指在該社會中，一個人可以藉由行動來提升或削弱自己的地位。而在封閉系統的社會中，一個人的地位是由出生所決定。其實，我們不需要社會科學家的學術分析也都知道，即使置身在一個鼓勵並期待自我作主的文化中，每個人所經驗到的世界和生活也都混和了成就地位和先賦地位的特性。這一點，不論是在學術意義上的社會和更流動的真實社會中都可成立。而這種雙重性也讓人想起心理學對於人的性格究竟是彈性的或固定不變的所產生的爭論，以及組織本身究竟是可以自發性的出現有機式的改變，或者完全要由當中的主體所主導而採取計畫式的改變。

因研究現代性而著名的當代社會學家安東尼．紀登斯（Anthony Giddens），把這個觀念進一步做了有趣的延伸。他認為，在當今的後傳統社會中，「成就身分」變成常態，所有人都能為自己寫傳記，成為紀登斯所說的「持續進行中的自我故事」的敘述者。現在，「身分認同」成了自製商品。「做什麼？如何表現？成為什麼樣的人？」紀登斯說，這些是每個人都必須回答的問題。就算不是只看著自己肚臍眼關注自己的人，一生當中也會面臨種種跟形塑身分認同有關的決定，比如花多少時間工作、多少時間玩樂、穿什麼衣服、愛哪個人、相信什麼價值觀。紀登斯認為，這種處境既是一種祝福，但也是詛咒，既是自我實現之途，也是新的煩惱來源，因為我們無法確定我們是否做對了。最重要的，這種白手起家型的身分認同，在核心本質上已經變成一種生活風格（lifestyle）的選擇。

最近英國一項針對改名字所做的正式法律意向調查（Deed Poll Service）顯示，從二〇〇一年開始，選擇要以自己人生故事的主角這種身分來為自己取新名字的人，每年增加百分之十至十二。當年哈利．胡迪尼和山謬爾．古德溫為自己改名字猶是改名字大膽的舉動，如今改名字已經成為整套魔術戲法的一部分。在這套魔術戲法中，任何渴望改變的人都能改變，這證明了某種型態的變形是可以發生的，而且的確發生了。

—

西蒙妮．梅洛—培瑞茲（Simone Mello-perez）說，二〇一一年她參加了那間藝廊的開幕典禮——那天，艾琳娜．西蒙和她的樂團受邀在此演出——那時她「正在尋找新名字」。這位定居於紐約市曼哈頓區的巴西裔律師，度過了地獄般的一年。嘗試做試管嬰兒卻又一次失敗的她，在那個週六早上無意間撞見丈夫在住家的廚房跟一個女人用通訊軟體Skype交談。一被撞見，丈夫立刻關上筆電，說要出去散步；但到了那天下午他就一五一十回答了跟那女人有關的問題，並且要求離婚。這時是一月。到了三月，兩人簽下了離婚協議書，結束十年的婚姻關係。

西蒙妮「心都碎」了，但她也明白這是「展開全新生活」的好機會。她說，丈夫對她百般控制，而她卻對他帶著不健康的倚賴心態，不願冒險，非常害怕改變，但現在人生遭逢劇變，也算是個機會讓她得以展開蛻變。

「其實我有刺青。」她補上一句，伸手摸了摸她瘦骨嶙峋的肩膀。「我的背部有一隻蝴蝶刺青。蝴蝶的翅膀是任何人都無法奪走的東西。」

她做了刺青之後沒多久，決定改名。她跟艾琳娜一樣認為，改名字絕對是她在所有事情之中最應該做的決定。

「我當然要拿掉他的姓氏。」她撫弄著一綹金髮說：「但，拿掉他的姓氏後，西蒙妮·梅洛這個姓名似乎也不代表現在的我，因為這是我從小時候住在巴西一直到結婚之前所使用的姓名。可是現在的我跟那時候不一樣了。一個剛剛誕生的全新自我就需要一個新的身分認同，需要機會去決定該如何打造新的我。」

她在藝廊的開幕會上看到了艾琳娜·西蒙的專輯封面——在此之前她不曾見過艾琳娜本人，對於她的音樂也只聽過一小節——在這瞬間，她有所領悟了。「我一看到她的名字就很肯定我也想取那樣的名字。」她的口吻平常，彷彿不知道這句話聽起來有多麼難以想像。隔天，她開始要別人稱呼她艾琳娜。幾個月後，在曼哈頓的法庭，第二個艾琳娜．西蒙誕生了。「那種感覺輕鬆又自在，彷彿沒有了過去的羈絆，彷彿從現在開始我想當什麼樣的人就可以當什麼樣的人。真的，我感覺重生了，就從那天起。」

她認為，新的艾琳娜比以前叫西蒙妮的她「更勇敢」，這名字「燃起了力量，讓她決心當個不一樣的人。其實，我們每一個人身上都同時存在著好多個不同的人。」然而，當個全新的人不像魔術戲法，說要變就能變，而必須付出心力去努力。艾琳娜就在努力「活出該有的新樣子」，套句她的話說。畢竟，我們可以深入改變某些事，卻無法事事都改變，所以你必須用心選擇你想要改變的面向。二〇一四年，艾琳娜搬回巴西，開始新生活。紐約充滿了過往的鬼魅——如今置身巴西首府聖保羅（São Paulo）的她，坐在灑滿陽光的小公寓內這麼說著：「我還在努力打造全新的人生，我也還在尋找幸福，我想，我就跟所有人一樣。」她轉頭，望向窗外下方的擾嚷街道。

——

「原版的」（第二個艾琳娜這麼區分）艾琳娜・西蒙說，當她聽到有位同時認識西蒙妮・梅洛－培瑞茲和她的人告訴她，後者取了跟她一模一樣的名字，她感覺「有點怪」，但也感到好奇，於是這兩個艾琳娜相約在紐約見個面喝一杯。「一見到她，我幾乎可以感覺到我認識她。」第二個艾琳娜說：「我特別高興聽到這名字也不是她的真名。」第一個艾琳娜被第二個艾琳娜「那不服輸的樂觀個性」感動，開始喜歡她，還說她很高興能跟一個有蝴蝶刺青的女人共用她的名字。「你知道嗎？她真的需要這個名字。」

想像一下畫面：在寒冷的十二月夜晚，透過酒吧外已結霜的窗子，瞥見兩個艾琳娜：一個深色髮，一個金髮；一個俄羅斯人，一個巴西人。兩個非常不一樣的人生，因著兩種截然不同的理由而改變，但她們是藉由同一種管道來做出改變，一種奇特的小魔術——改名字——而後從這裡展開新的人生。

第7章　盲人得以看見

還記得第一次搭飛機的驚奇感覺嗎？飛機在跑道上猛衝，不顧一切，加速滑行，接著，飛機前輪離開地面。你感覺下背有一股力量把你往下拉，很快的飛機就進入沉重但平穩的飛行狀態，脫離了下方世界，而你的耳朵灌滿了經過消毒的機艙裡各種嗡嗡聲響。這時，剛才載你來到機場的車子、各種載著吵鬧一家人或煩惱商人的車子，很快都變成了玩具，而充斥著人群、商店及制服工作人員的航廈，現在成了看起來毫無價值的鞋盒。下方的城市逐漸變成一抹灰綠色。

北方雲層繚繞之處，或許是聖靈感動最密集的地方。上升至一定高度，被一團灰色濛霧包圍了，你會覺得沒人可以看見你，但也沒人在乎你了。接著，忽然間，你置身雲朵之上，發現陽光閃耀著。天空蔚藍，即便你所離開的地面正下著毛毛雨。這是一種觀看世界的全新方式，截然不同於你剛登上飛機時的世界，但真實程度絲毫不減。如果能把這種感覺裝在瓶子裡保存起來該有多好，因為往往是這種聖靈感動的感覺促使了改變發生。

劉瑞周（Christopher Liu）改變了人們看世界的方式，而且有時他改變的不只是人們觀看的方式，他還能讓原本看不到的人可以看見世界。

劉瑞周醫師出身香港，現在是英國布萊頓市薩塞克斯眼科醫院（Sussex Eye Hospital）的眼科顧問，也是英國的頂尖傑出眼科醫生。他說，他全部的生涯都放在眼球這個細小複雜、不容一絲差錯因而逼得醫生必須常常反省醫術的器官上。你被迫要面對自己的侷限，而且得承擔重大的責任，但劉醫師對眼科的熱忱不減。這項工作會改變一個人的生命。「對，絕對如此。」他靜靜地說。

劉瑞周的專長是在眼睛的前半部，也就是角膜。厚度只有一公釐的角膜，可說是靈魂之窗的關鍵構造。這位說話輕柔的劉醫師，平日做的多半是白內障手術，但一年會有五、六次執行一種奇怪複雜又具高度侵入性的手術：骨齒人工角膜手術（osteo-odonto-keratoprosthesis，OOKP）。他是全英國唯一一位會做這種手術的醫生。這種骨齒人工角膜手術，是用來治療某種複雜的角膜問題所產生的失明狀況。這種手術的目的，是要跳過功能失常或損壞的角膜，換上一種材質為有機玻璃的人造晶狀體，讓身體誤以為它是角膜，從而發揮角膜的功能。這麼古怪的欺騙技術，聽起來比較像西班牙超現實主義畫家達利的作品細節，而非先進的當代醫學。

這項手術分成兩階段。第一次手術，先把受傷角膜的疤痕組織移除，然後把取自病人口腔內頰的一層表皮移植到眼睛上。接下來，把下顎的犬齒連同牙根和四周的一圈骨頭一起摘除，用它當作靈魂之窗的窗框，再把人工晶狀體置入框中，然後把這個嵌合體放在另一眼的下眼瞼肌肉內，留置數月，待其四周的血管組織開始增生。接下來是等待。然後進行第二次手術，把眼睛上的內頰表皮挖一個洞，讓受傷的角膜置於其下，接著，把嵌有人造晶狀體的牙齒從另一眼的下眼瞼肌肉取出來——現在這根牙齒覆蓋了足夠的組織血管，可以騙得了新宿主——放入另一眼的洞中。動了這項手術的病人中，有三分之二到四分之三的人，會從原本看不見的生活慢慢變成看得到東西的世界，彷彿連感覺器官都可以被轉變。

自古以來，視力的恢復是一種象徵，代表深刻的救贖改變。想一想聖經上這句「瞎眼今得看見」，藉由〈奇異恩典〉（Amazing Grace）這首歌傳誦到了耳熟能詳的程度。但對劉瑞周來說，這不只是來自天堂的救贖——有趣的是，他倒也說到他是有信仰的人，而且覺得這是神「賜予的天賦，讓我有機會幫助其他人類」——但這手術可不是一種「只要順服於神你就能得拯救」的順從式的改變，不是你先受病痛之苦而後都能得痊癒。劉瑞周表示，就病人而言，做出決定要承受病痛折磨、然後接受骨齒人工角膜手術的不確定性，這是經過深思熟慮而後採取的自主行動，是一種計算過風險和機會的行為，而不是一彈指就療癒的奇蹟，所以病患必須做好最充分的心理準備。這就像美國著名小說家馬克·吐溫在一篇短篇小說中所寫的：「想像力失焦之時，不能依賴眼睛所見。」

「你會自己製造出視力，這聽起來很怪，不過，我想這就是想像力。你會製造出事物的畫面、形狀和故事，自己填補很多空隙。比如人的臉，你會去想像對方長什麼樣。你曾這樣做嗎？一定有吧，跟人講電話時，會去想像對方的樣子，不是嗎？絕不會不想像，對吧？所以，盲人就是這樣『看』世界的，或者該說我是這樣『看』的。每天，我都會在心中想像看見是什麼感覺，每一天，做每一件事的時候。」

宣德勒・海瑞恩（Shander Herian）是劉瑞周的病人，五十歲出頭的他，在九歲那年得到「史蒂文—強生症候群」（Stevens-Johnson syndrome），一種會危及生命的罕見皮膚病。「那種感覺就像有人抓住你，」他輕鬆地坐在一張弧線造型的軟沙發上，「然後把你丟進一桶熱水中。」皮膚開始起水泡、脫落，連同手指甲、腳趾甲一起撕裂。宣德勒住進伍爾弗漢普頓總醫院（Wolverhamption Gereral Hospital），在那裡一待就是四個月，從頭到腳包著紗布。之後，他轉到眼科專科醫院住了三個月，因為其他症狀穩定下來了，但他的眼睛開始不能分泌淚水，視力岌岌可危。沒有淚水的滋潤，眼球表面會因為眨眼動作而逐漸受傷結疤，日久，角膜會增厚，開始長血管，最後角膜「會變得像手上的皮膚」，套句宣德勒的話說。

這情節就發生在他身上。一開始，他的視力原本是沒問題的——他描述了十歲生日時收到醫院護士送卡片給他的細節——但之後四年，視力開始衰退。起初是看不清楚學校黑板上寫的字，於是他換到前方座位；接下來視力影響到他無法和朋友在街上踢足球了，於是他改成自己騎單車；後來連騎單車都辦不到了。視力惡化到外出會有危險時，他開始足不出戶。最後，他連心愛的漫畫書——《丹迪》（*The Dandy*）、《比諾》（*The Beano*）和《畢澤》（*The Beezer*）——都無法閱讀。

那些年，他的父母竭盡心力要保住兒子的視力，安排他動了十幾次手術，接受藥物治療和其他治療方式。但最後，宣德勒還是得轉學到專給盲人就讀的寄宿學校，去那裡學習盲人點字法。他說，十幾歲的他心想：「他的人生就這樣了嗎？這一輩子得怎麼過？」

他回答了一個老掉牙的問題——失明者經常面臨一種誤解，就是被人們詢問「突然陷入黑暗」的感覺如何。宣德勒口氣平和地說：「不是這樣的，失明不是陷入一片黑暗。你問任何一個盲人，他們一定會說他們可以感覺到光線，感覺到陽光從窗戶照射進來。」他攪動咖啡杯裡的湯匙，「可能是感受到臉上的熱氣吧，我不知道。總之，那感覺就像整個房間瀰漫著蒸氣，濃濃厚厚的灰霧。」說到這裡，他環視了寬敞明亮、有劇院電視和茶几的客廳——茶几的玻璃桌面下，是一尊鑄鐵的希臘女神，她以雙手撐起茶几，低垂著頭。

宣德勒跟種族屠殺的倖存者海帕萊特．奈提古瑞瓦（第五章）一樣，也由於中學和大學的優異成績而得以度過這個關卡。他記憶力極佳，非常厲害，並因此建立自信，日漸獨立。他開始發現「女孩的存在」——說到這裡，他放聲大笑——開始飲酒作樂，而且由於置身在全盲和半盲的人當中而減輕了自認與眾不同的突兀感。在家裡，父母以他的學業成就為傲，也逐漸接受他的失明，並調整了關注焦點。訪客現在也開始跟他說話，而不是談論他。「我想，這就是人家所說的，擁有了自己的身分認同。」他說：「有了身分認同後，不管處在什麼情況下，你都會設法隨遇而安，善用手邊現有的資源。我真的相信這個敏捷的機器——我說的是身體——就是有辦法適應任何狀況，心理也是。所以，我很快樂，感覺強壯有力。」

一九八六年，宣德勒二十四歲時，取得電腦程式設計師的資格，此後開始自力更生。不到十年，經過種種艱辛，他和妻子葛潔特在英國米德蘭茲郡（Midlands）從無到有，打拚出一間規模數一數二的資訊科技供應公司。他們買下艾佛瑞磅秤公司（Avery Scales）位於伍爾弗漢普頓市中心的老舊工廠，以他們家的姓氏來命名為「海瑞恩之家」。這對一個父親是移民鐵匠的盲人來說，可謂一大成就。「老實說，我確實對自己的成就引以為傲。」他說著，拿了一張照片給我看，照片裡是那輛他和妻子平常停在自家店鋪外的S款閃亮賓士車。「我想，我真的辦到了。」他咧嘴笑著說。

那是一九九六年早春的某個早晨，本地的一位眼科醫師——他的電腦器材都是跟宣德勒購買的——衝進「海瑞恩之家」，手中揮舞著一本貿易雜誌，雜誌裡有篇文章在介紹劉瑞周醫師和骨齒人工角膜手術。

「這個華人醫生在布萊頓。」那位眼科醫生興沖沖地說：「你一定要去找他。」

宣德勒不為所動。「這種機會我試過太多次了，三十次有吧，搞不好更多。所以，我告訴他：『算了吧，我懶得再試了。』」但那個眼科醫生像一隻狗見到骨頭一樣堅持不放棄，最後宣德勒終於點頭決定一試。接下來是長達十二個月的諮詢、與本地專家就贊助問題起爭論，並且花很長時間討論到底是用哪一隻眼來動手術，直到第一次手術的前夕。

從這裡你就知道，宣德勒對這件事多麼有主見，多麼深思熟慮。他不採納醫師們的最初建議，堅持不讓醫師對他那隻「好眼」動手術——那隻好眼仍可以感覺到亮光與黑暗之別。我不會犧牲那隻好眼，他說，但可以試一試那隻完全沒視力的壞眼。「就是這眼。」他笑著拍了拍深色墨鏡的左側邊緣。

一九九七年三月，宣德勒進行了骨齒人工角膜手術的第一階段。術後仍沒有視力，而且疼痛難當。他用一根手指勾起嘴唇，讓我看看他嘴內那個洞。接下來是三個月的漫長等待。

「其實，我壓根兒不相信會成功。」他說。

「你不相信？」

「不相信。」宣德勒搖了搖手，回答我：「我根本不認為這能創造奇蹟，我認為這不過是又一次實驗，就跟過往上百次一樣。大家都說：『說不定這次會成功啊？』所以我就抱著姑且一試的心情，想說或許能讓我稍微可以四處走動，拿起杯子或什麼的。我不認為我的人生會因此有重大改變。這是不可能的事。」宣德勒撇開頭，墨鏡的其中一只鏡片反射出窗外飛過的一隻鴿子身影。

宣德勒．海瑞恩的故事是另一種很特別的改變，他的改變既不是建立在深切的期盼上，也不是出於深沉的絕望，既沒有明亮的光束在前方指引，也沒有被一片熊熊燃燒的平台催逼（第四章柯林·普萊斯的描述）。他的改變，就像這本書描述至今的幾個故事一樣，宣德勒的改變是外在的力量（那力量可以讓我們的人生翻轉）和內在的勇氣（藉由這樣的勇氣向老天奪回一些主體性）交織的結果。以宣德勒的狀況來說，他的選擇只是打開了一扇通往改變之門，而完全不知道門外會有什麼新發現。他純粹是基於直覺，只是不再想要維持現狀。而他這樣的例子，多少也能帶來若干關於改變的智慧。

—

公元二世紀的古希臘傳記作家暨歷史學家普魯塔克（Plutarch, 45-120）曾提到，有個思想實驗把古代哲學家分成了兩派。這實驗跟建立雅典王國的神秘國王特修斯（Theseus）的一艘船有關。這艘原本可靠的船，經過多年的保存、修復和重建，每一塊腐爛木頭都被一一替換過，這樣還能說它是原先的那艘船嗎？哲學家苦思甚久，無法達成一致看法，而當代哲學家也用這個故事來激辯所謂的身分認同問題。這個船的問題，呼應了埃庇卡摩斯那個小石頭辯術（參第一章），但更嚴肅的人還要再進一步延伸討論：如果一個人的身分認同主要繫於肉體的物質連續性，那麼，在人的一生中，每一個細胞都換過許多次，這樣一來，還能說一個孩子和多年後這孩子所長成的大人是同一個人嗎？有誰知道答案，請告訴我。

是同一個人，或者是不同的人，這個問題關係著所有跟人有關的改變，所以照理說我們接下來應該趕快來討論，不過讓我們先來品味一下後世多次複述的一個詩意版本，一段來自德國哲學家奧圖・紐拉特（Otto Neurath）著作裡的敘述，而且跟他所建構的科學知識的非基礎性理論有關。現在請跟緊我的脈絡，因為這個故事也提供了鮮明的意象，可以充分表達出一個正在經歷改變的人必須全力奮鬥的歷程。

紐拉特說：「生命不是白紙般的心靈。我們就像必須在汪洋大海中重新建造船隻的水手，沒有乾燥的碼頭可以讓我們先拆除船隻，然後再取用上好的材料在碼頭重新建造。」

雷・畢夏普洗心革面後再次入獄，警察艾德・考克森說「人生持續進行中」，你會發現，紐拉特所說的這個觀點，蘊含了一旦選擇要改變後所需面臨的各種迎面而來的挑戰，而這個改變能達到怎樣的效果，絕不是一開始決定要改變時就能確知的。

——

就像汪洋大海中的水手，宣德勒．海瑞恩等了十二個星期，準時回醫院做第二次手術。醫師告訴他，不要期待一開始視力就會恢復，如果視力真有恢復，也會是漸進式的。

手術完隔天，劉瑞周來病房看宣德勒拆紗布。護士把紗布拿掉後，宣德勒說他只能見到「一片明亮的灰色」。劉瑞周上前為他清理眼睛。

「就在他拿小棉花棒清理我的眼睛時，」宣德勒說：「我忽然看見他的領帶，有黑色紋路的金色領帶。接著我看見他的臉。就這樣，我看見了。真的，就在我說話的那一刻，我清楚看見了。我左右張望，什麼都看得見，可以看到好幾哩遠。」他停頓了一下，又繼續說：「我看得見了。天氣很好，病房有個小窗，感覺就像有人用光照亮了整個房間，好刺眼。我坐在床上，環顧四周，醫生們跟我說話，我說：『是的，我看得見。』他們說：『你看得見多少？看得見這些手指嗎？看得見那裡的東西嗎？』」他低聲說：「『是的，我看得見。』真不可思議，但千真萬確，不是嗎？你永遠不知道拐角處會有什麼驚喜等著你。」

海瑞恩的家人對手術結果不抱太大希望，所以他們沒到醫院作陪，而是留在伍爾弗漢普頓。但接到了消息後，母親去學校接了兩個分別是五歲和八歲的女兒，母女三人和友人開了四小時的車來到布萊頓，探望在此之前從未見過妻女的丈夫和爸爸。

「對，那一刻讓人感動到起雞皮疙瘩。」宣德勒說，聲音略帶沙啞。「生平第一次見到她們。」他清了清喉嚨，沉思片刻。「有趣的是，她們長得就跟我想像的一樣。至於開車載她們來的馬克，是我的員工，他就長得跟我原本想像得完全不一樣，可是我太太葛潔特和兩個女兒——」他沒把話說完，輕輕搖了搖頭，稍後他說，她們始終是他「最愛見到的景象」。

接下來幾星期，每一天都是強烈鮮明的色彩與美感體驗——那種感覺截然不同於他回憶中一九七〇年代的米色調——他只在擔憂這視力可以持續多久時才稍微冷靜下來。現在想來，那是十八年前的事了。宣德勒說：「我能看見，我想應該算是奇蹟吧。而且有件事我很確定，我完全不想回到過去，如果現在又失明，我一定無法面對。」

但宣德勒得到的視力並非完整無缺。他看得見的那隻眼，視野有限，而且看到的東西只有二面向，不是立體的三面向。至於眼睛的外觀，以他的話來說，「頗為可怕」，因此他仍然隨時戴著深色墨鏡。此外，自從看得見後，他驚人的記憶力一夕之間消失。在失明這些年來支撐著他的那股想像力，以及激起他大膽把握機會躍入有視力世界的那股勇氣，彷彿被視力「壓制」了。每一個改變，每一個選擇，多少會帶來損失，這是可以想見的，至今，宣德勒在記住臉孔方面仍有困難，偶爾甚至連愛妻長得什麼樣都想不起來。此外，他還延續了許多「失明時的習慣」——「我仍會用手觸摸所有東西」。而且奇怪的是，作夢時的他，仍是個盲人。然而，整體來說，宣德勒所承受的這些感官和體驗，仍是一種深刻而轉型的好運——是他的盲人朋友無法共享的好運——而這個好運教導了他謙虛與適應，並感恩自己能擁有他所說的「比多數人更多條命」。他所經歷的改變之中，含有柔軟且開放的想像力——也就是願意去冒險，做選擇，打開門，迎接不一樣的生活——這樣的想像力，和外科醫生精細純熟的手術功夫一起，在改變的過程扮演重要角色。

「我確實覺得，過去二十五年的失明人生，讓我變成一個比較好的人。」他說，出於本能摸了摸深色墨鏡。「我不嫉妒別人，因為我見到了別人沒經歷過的另一種人生。就像人家說的，你得窮過，才會感激自己的富有，不是嗎？所以，別人在第一時間忽略的美好事物我卻覺得無比美好，比如夕陽、夜空，或是昨天我坐這裡看見幾隻肥鴿子飛過籬笆。但這些事物，你只要停下腳步就能看見。日常生活裡很多被別人視而不見的事物，我都注意到了，而且努力看入心裡。我很高興我能做到這樣。」

第8章　愛裡沒有性別

休息一下，來首歌吧？如果你手邊有一把中世紀的六弦琴，那最好，魯特琴也行；要不，錄音機也可以。接下來要聽的這首歌，來自莎士比亞的劇作《威尼斯商人》，在劇中，愛情遭逢了險境，這時音樂乍然響起。男主角巴薩尼奧是個高貴的年輕人，身無分文，卻想追求美麗又富有的心上人波西雅，但當年她已故的父親下令，追求者必須從三個金屬匣中選出正確的一個。這有幾分文藝復興時代威尼斯版的水果盤拉霸機的意思：誰能選到正確的匣子，就可以娶得美嬌娘，還能獲得她的財富。摩洛哥和亞拉岡地區的王子也參加了這場賭局，但他們賭輸了。現在，巴薩尼奧必須審慎從金、銀、鉛匣中挑選出哪一個才是波西雅父親心中選定的那個。他左看右看，而愛著他的波西雅緊張地屏住呼吸，兩名作陪的吟遊詩人為了舒緩她的情緒，唱起了一首關於愛情的小調。

告訴我　愛情從何而來
來自心靈，抑或腦袋
如何萌生？如何培栽？
回應啊，回應。
眼裡滋養愛情
凝視濃烈了心
但愛情消逝無形
在它所孕育的搖籃裡。

接下來是華麗但愚蠢的疊句，叮咚響叮咚響，而你會很開心看到巴薩尼奧終於做出正確選擇，因為根據這首歌的韻腳所透露的線索，他知道了答案是鉛盒，成功抱得美人歸。（譯按：原詩的前三行是Tell me where is fancy bred, Or in the heart or in the head,

How begot, how nourishèd?，韻腳都是d，似乎暗示了正確的選擇是鉛盒。鉛字的英文是lead。）

這首歌認為，愛情既因我們雙眼所見而得以滋養，也因我們所見而變酸腐，這種說法當然只是出於憤世嫉俗。從前一章的盲人宣德勒．海瑞恩的例子來看，他對妻子葛潔特的愛，既不是在眼裡滋長的，也非靠著雙眼所見來維繫，不是嗎？然而，這依舊是很基本的問題，因為它探討了堪稱為促使人生改變的最大動力：愛。

陷入愛河，是外在的力量和個人主體碰撞之後所激迸出的絢爛煙火。為什麼人會墜入愛河？愛情如何歷久不衰？愛情從何而來？心靈或腦袋？嗯，根據當代神經科學的觀點，我們終於有了「回應啊，回應」：心靈就在腦袋裡。事實上，與愛情的來由和進程有關的古老問題，近年來已發展出大批的解釋，比如腦部掃描就清楚地顯示，從雙方產生性吸引力到心碎的這段起落過程，腦部會出現強烈的顏色變化。

一九七五年，英國搖滾樂團「羅西音樂」（Roxy Music）高聲唱出愛情是毒品，四十多年後，生物人類家暨金賽性學研究者海倫．費雪（Helen Fisher）也贊同這說法，因為根據她的研究來看，腦部核磁造影可以清楚顯示出愛情對腦部所造成的影響——沉浸在愛情中的大腦，會出現毒品成癮的所有神經系統特徵。墜入愛河的人，腦子的報償迴路會產生血清素、正腎上腺素和多巴胺，這就跟吸食古柯鹼後的反應一樣，而失戀心碎時所誘發的腦部反應，則跟戒毒時的大腦反應一樣。

舊金山三位精神病學家提出一套更細緻的相關論點，這論點結合了大腦的化學物質特性和一點莎士比亞的詩意。多瑪士・路易斯（Thomas Lewis）、理察・藍儂（Richard Lannon）和法里・阿明尼（Fari Amini）三位，在合著的《愛在大腦深處》（*A General Theory of Love*）一書中，指出一種他們稱為「邊緣系統的共鳴」（limbic resonance）現象。這個邊緣系統，指的是大腦深處的皮質構造和皮質下構造的複雜系統；這邊緣系統會過濾出情緒內容，讓記憶交織，會提供夢境並從夢境中產生感覺。如果愛存在於紙牌上，那麼，邊緣系統肯定能打一手好牌。

而「邊緣系統的共鳴」這個由精神病學家所創造的詞彙，指的是兩個大腦的邊緣系統產生了情緒交流，在比如眼神接觸、雙手碰觸的時候，兩顆心會產生相同的共鳴。他們三位寫道，這種現象就像「一首交響樂章，雙方交流，內在磨合，因此兩個哺乳動物得以理解彼此的內在狀態。」這套理論的中心觀點如下：愛，以及相關的邊緣系統共鳴現象，會積極改變大腦的構造，就像和諧無間的音樂交融，你唱我和。

根據加拿大神經心理學家唐諾・赫布（Donald Hebb）在一九四九年首先提出的神經突觸可塑性（synaptic plasticity）理論認為，大腦神經元的路徑建立起來之後，會透過重複的刺激而得到學習和增強。這套適應模式，後來被稱為赫布型學習法（Hebbian Learning），讓我們的大腦可以因為經驗而改變，「把我們從過去的我們轉變成現在的我們。」根據路易斯、藍儂和阿明尼的看法，我們最早學習到愛的機制的地方，是在母親的懷抱中。雖然早期經驗會決定日後人生樂章的基調，但我們稱為愛的感覺模式，仍然可以因「邊緣系統的修正」（limbic revision）而改變，產生新的配置，新的和聲——這時，我們腦部的邊緣系統跟別人產生共鳴，譜出美妙音符。換句話說，如果你想找出某顆心的改變的程度和軌跡，那麼，從「邊緣系統的修正」下手，是很好的開始。

這種觀點，除了提供深刻改變的模式，也提供了一種恆久的模式。這模式跟同時具有獎賞動力和古柯鹼般惡魔特性的愛情驅力，兩者形成很好的對比。因為，「邊緣系統的共鳴」不但會建立一種「合而為一感」的神經元路徑，也會隨著時間而強化這種路徑。正如路易斯、藍儂和阿明尼所說的，「我們是誰，以及我們會變成誰，有一部分取決於我們愛的人是誰。」這一段話簡直可以譜曲成樂了。

瓊安・佛萊雪（Joanne Fleisher）以前認為她這人是無法墜入愛河的，但這不表示她不曾盡力去愛人。

瓊安的少女時期是在費城郊區度過，那裡的青少年如果不是正在約會、摟抱，就是正在暗戀著誰。「所有這年紀該做的，我都做了，而且做起來毫不費力。」她的語氣毫無炫耀的意思。她六〇年代中期離家去波士頓念大學，就開始變得「有點狂野。離開家，我像匹脫韁野馬，跟很多人約會。我很性感，甚至有點超過，簡直玩瘋了，但我從沒真正愛上我交往的男人，我只是——」她謹慎地遣詞用字——「享受他們。我沒想嫁給他們，他們也樂得輕鬆。」

現今七十歲的瓊安話說當年，口氣淡然冰冷，更像是個有戀愛成癮症的人，而不是一個墜入愛河之後的人會出現的「邊緣系統共鳴」。不過，她說她大學畢業後開始出現想要定下來的「強烈需求」，所以她打了電話給高中時的前男友鮑伯。

「我知道我想結婚。」她說得彷彿打這樣一通電話是很自然的事。「我想安定下來，而鮑伯是個好男人，聰明又非常有責任感。我沒有愛上他，但我關心他。感覺跟他結婚會幸福，所以我打電話給正在念法學院的他，之後，我們兩人的感情進展非常快。交往沒多久，他就跟我求婚，就這樣，我在二十二歲時結婚。」

有時候，當我們回顧過往某段沒有結果的感情，才會發現自己原來並不愛對方，即使當時以為自己墜入愛河——或者當時確實墜入愛河，只是現在無法想像當初怎麼會愛上那人，或者為了什麼何會墜入愛河。總之，把這種愛情回憶的錯位特性拿來問瓊安，她立刻反駁，信誓旦旦地說自己很清楚當時的感覺。

「不，我覺得問題是出在我身上。」她說：「或許意識層面我沒那麼想，但潛意識中我就是從來沒有別人說的那種墜入愛河的感覺。我覺得我沒有能力墜入愛河。我猜，我有一種疏離感，就是——」她聳聳肩，說：「缺少某一種東西，你知道的，所以我從沒有那種感覺過。要結婚了，我很開心，我也說我愛他，但事實上我沒有感覺到愛。」

這樁婚姻一開始幸福美滿，幾年後兩人生了兩個女兒，相差十八個月，但到了一九七〇年代，瓊安首次接觸到反文化——嬉皮、女性主義、性革命——那樣的世界截然不同於她從小生長迄今為止所置身的「保守傳統環境」。她說：「我立刻被激起好奇，人生也由此開始轉變。」她和鮑伯共築的世界開始出現爆裂。「沒有安寧日子了。」她說。她開始要求要有開放形式的婚姻，因為當時她的許多朋友都很熱衷這種婚姻狀態。鮑伯默許了，「但他還是設下一些規矩，其中一個規矩就是不准我搞同性戀。我不知道他這種擔憂從哪裡來，因為我根本沒打算那麼做。」

但最後她還是走上那個方向了。她描述她生平第一次見到女同性戀者的經驗，說她在成長過程中完全不知道有這樣的人存在。「我對她們充滿了好奇。」她邊說邊轉動著脖子上的鍊珠。「我要她們告訴我，她們的生活是什麼樣子。」後來瓊安參加了一個女性團體，跟裡面的一個女同志發展出友誼，最後兩人成了戀人。

「我想，這件事我做得有點草率，完全沒想到會引起這麼大的衝擊。不過，當我們一發展出那樣的關係，我立刻有那種墜入愛河的感覺。有種說法很陳腔濫調，但愛上女人的感覺真的像回到家一樣，感覺非常舒服。感覺很對，很親密，很濃，很感官，完全就是墜入愛河。我根本神魂顛倒。」她笑著說：「但我在那之前對同性戀毫無所知，只是好奇，我甚至在愛上她之後都還不相信我成了同性戀。」

「妳不知道？為什麼？」

「我覺得女同志好像是——」她略微沉思：「像是另一個世界的人。對於住在郊區的我來說，一部旅行車、一個丈夫和兩個孩子，就是我擁有的生活。我這個美國人看起來就是非常、非常中產階級。所以，變成同性戀對我來說是個意外，我的意思是說它也是一種探險，而不是在我預期之中應該要出現的東西。我保密了一陣子，但沒撐很久，因為我不是會說謊的人。我不想要過雙面人的生活，我想選擇其中一種人生，好好過下去。」

—

到這裡，來換首歌吧。管弦樂團演奏出輕柔傷感的二步舞（two-step）音樂，舞池裡擠滿了身穿晚宴服的光鮮紳士和穿單色長禮服的女士，而美國演員佛雷・亞斯坦（Fred Astaire）滑行其中，挽著一位不知名的棕髮女孩，但他的目光飄到舞池另一頭那位閃閃發亮的琴吉・羅傑斯（Ginger Rogers）。他移動到琴吉和舞伴的身旁，以一頭看上去可以拍攝髮油廣告的造型露出迷人的燦笑，眉毛一挑，高聲唱道：

妳非得支支舞
都和這個幸運兒跳嗎？

打從音樂一下
妳就和他起舞
是否願意換個舞伴
和我共舞？

就像電影裡凡事總有美好結局，琴吉果然就從身旁她這位沉下臉的未婚夫移開，換成那個頭髮油亮、腳步輕盈、舌燦蓮花的弗烈德．亞斯坦」。

琴吉．羅傑斯在真實世界中，四十年的婚姻生涯總共結婚五次，離婚五次，換了多次伴侶。畢竟我們會愛錯人，或者就只是變心了。愛情不完全像莎士比亞所說的是「永恆的標竿，面對暴風雪也毫不動搖。」事實上，更常見的情景是愛情一遇到微小的哭啼就撞得粉碎。這種愛情轉型的痕跡，我們在情緒質地上見識過，也在適應力強的大腦神經路徑上可見到。它們證明了我們同時保有自己、又可以轉變到某種程度，這也證明了外在的改變和內在的改變是有交會點的。

性取向的改變，往往被我們視為是比其他改變都更為深刻的情慾改變。以瓊安．佛萊雪的例子來說尤其如此。她說，她改變了性取向，不只是因為她臣服於潛藏壓抑了一輩子的情慾，也是因為有一扇門開啟了，讓她看見不同的生活方式和愛情型態。有人大聲爭論同性戀是否出於基因使然，在這種爭論之中甚且扯入了更激烈且醜陋的政治辯論。但是，也有人認為，性慾是流動的，比我們習慣上所以為的狀態更有彈性。（但這不表示「同性戀轉化治療」這種差勁的論點是可行的；不，這種論點在此絕沒有傳播空間。）有趣的是，這種認為性慾是流動的、是有能力改變性向的觀點，截然不同於若不是出櫃就是躲在衣櫃裡的截然二分，也不是金賽性學報告裡的量表上那種以零分代表絕對異性戀、以六分代表絕對同性戀的測量方式。尤其有意思的是，已經有許多研究指出，這種情慾流動更常見於女人身上，但並非女人獨有。社會心理學家羅伊・鮑梅斯特（Roy Baumeister）在二〇〇〇年提出一個名詞：「性慾可塑性」（erotic plasticity，或譯為情色可塑性），指稱一個人的性驅力會受到社會文化和情境因素所影響。這位社會心理學家鮑梅斯特提出一項假設：女人天生比男人有更高的性慾可塑性。

接下來把女性性慾流動這種概念變成主流看法的人，則是發展心理學家暨傑出的女性主義者，麗莎・戴蒙德（Lisa Diamond）。她認為，性取向認同的轉變並不是出於自願的，也就是說，這不是一種像購買皮包那樣的生活風格的選擇；真實的情慾是傳統上對性的措辭、否認和評價所難以表達清楚的；真實情慾的焦點和樣態更有彈性，能以更複雜、也更多層次的方式來改變，甚至可以說更像音樂，是一種音符旋律時時在變的流動狀況。

因此，重點是，任何人——不管男人或女人、同性戀或異性戀，任何一個正在尋找愛情或放棄愛情，或正在愛情中翻滾、努力讓愛繼續燃燒的人——最好能留意情慾之愛本身所具有的易變特性。這種變易性，可以讓心重燃欲望，為它填上新的樂曲。

——

瓊安．佛萊雪沉默良久，思索著一個問題：這個愛著女人的瓊安，真的是她「兩種人生」當中比較「真實」的那一個嗎？

「我的意思是，有些人會說，我天生就是女同志。」她說：「可是，我認為我們並非只能有一種樣子，我真的不這麼認為。我們應該有許多樣態，有多種認同，在生命各種起起落落之中去學著辨認。我想，我們太受限於性慾到底是什麼，以及該如何定義性慾了，也太執著於認定性慾只能被限制在這個或那個上。我想，聽從你的心而行——不管是任何方式的聽從——可以讓你自由且真誠地表達你自己。」

瓊安・佛萊雪的第一段愛情只持續了幾個月，但她對丈夫坦承了一切。所以，事情攤開了，她卻不知道接下來該怎麼辦。她從沒想過離開鮑伯，而且孩子還小，一個七歲，一個九歲。她說她覺得自己就要摧毀他們的人生。最後，她去接受心理治療，好幾個月的時間裡猶豫著到底「該回頭或是該往前」。但有些東西已經瓦解了。她眼前的婚姻並沒有談戀愛時邊緣系統的共鳴現象來支撐，而她也無力去維繫婚姻，因為那動力就像歌曲的最後一個音符，慢慢消失了。「太遲了。」瓊安說，接著又重複了一次，「太遲了，我已經失去動力。我不知道我的情慾是什麼，但我下定決心非探索出來不可。」

有了撬開門的那個動作，主體性和選擇才能開始起作用。但，該怎麼做？該從何著手？猶豫，不是因為害怕失去而抗拒改變，而是因為現實的問題、牽涉的財務和情緒層面「太可怕。但有一部分的我是那種會努力去追求的人，只要我認為那是需要做的事，而且我就是相信我會找到出路的。」她說。果然她找到出路了。她的出路很簡單，就是多多去找曾經面臨相同困境的人聊，吸收他們的故事，從中加以研究，再來重新撰寫自己的故事。她的這種過程，跟本書中的其他人有異曲同工之處。

「我想，我希望能聽到成功的故事。」她說：「畢竟，我知道我的人生會走向一個截然不同的方向，但我還不知道那種不同會是什麼樣，會是什麼感覺。我清楚知道自己拋棄了哪些東西，這一點不是那麼容易面對，因為你知道，你必然會失去某些東西，但接下來要面對的未來又很茫然。要能提起勇氣跳出那一步，得有足夠的希望和想像力。或許，跟人聊一聊可以讓我有希望，有想像力，讓我覺得我可以辦到。」

一九七九年，鮑伯和瓊安離婚了。她說，那是她人生至今所做的最困難的決定，也是她人生最大的改變。「離婚是很痛苦的決定，尤其對孩子來說，但我不打算用美麗的謊言去包裝。」而這家人設法撐過來了。離婚三個月後，瓊安認識了茱蒂，兩人墜入愛河，並一起扶養瓊安的孩子，相守了三十一年。對瓊安來說，有了這個巧遇的珍貴戀情，或許可以解釋為何她會這麼說：「是的，離婚後我很痛苦，但我這個人一旦做了決定，就不會回頭。而我的這個經驗是如此重大的改變，所以，這樣的改變也改變了我，你懂嗎？我變得更快樂，更自由。」

與瓊安．佛萊雪共度了大半輩子的茱蒂，在二〇一一年死於癌症。「我的生命再次改變。」瓊安說，愣愣看著自己的雙手好一會兒。「我很希望她還活著，希望再次跟她戀愛，但這是不可能的了。我想，我只能透過這些事去了解，面對生離死別就是人生的功課。我們總有幻覺，以為事物是恆常不變的，但事實上，世事多變，所以我們應該學著不把變動視為悲劇，而且學著在變動中調適自己，進而有所學習，有所成長。我想，人都得設法在不確定中找到安適感，凡事不用計畫得太遠，而是要專注在當下。」她抬起頭，露出燦爛笑容。「我想，這就是答案。還有，雖然我的老友們都說我瘋了，但我不管，我又開始約會了。」

第9章　腦部邊緣系統的修正

大衛・休謨（David Hume）不怎麼談戀愛。他個性嚴肅，身材圓滾——非常圓滾滾——是十八世紀蘇格蘭啟蒙運動的重要哲學家，儘管說過「理性是熱情的奴隸」這句名言，但他終身未娶。一七六一年二月，休謨收到巴黎某位文學沙龍的女主人來信，措辭激昂地稱讚他的作品。他回信道：「埋首於書堆和研究中的我，可說生鏽了，幾乎不問世事，也沒有太多生活享樂。」這樣的回信從灰撲撲的愛丁堡寄到了布夫勒斯女伯爵（Comtesse de Boufflers）那間金碧輝煌的沙龍。不過，休謨言過其實了，因為一七六三年他來到巴黎，還是接受了女伯爵的邀請，並且與女伯爵發展出親密的友誼。很快的，休謨對這位上圍豐滿、風姿綽約的女伯爵產生了「理性是熱情的奴隸」這句話裡所說的那種熱情。至於兩人是否有過肌膚之親，史料不可考——不過她倒是為他帶來不少麻煩——想到休謨那頭蓬鬆的捲曲假髮之下進行著由於情慾而發生的大腦邊緣系統的修正機制，不免讓人莞爾。

總之，大衛．休謨或許不是那種可以談心的人，但你肯定可以向這位啟蒙思想的重要人物請教關於腦袋的事。他畢生投注心力對人類心智進行實證方式的探討，其中最具影響力，也稱得上最大膽的觀點就是關於人的「認同」方式的「叢聚理論」（bundle theory）。

這個論點，出自一七三九年、時年二十八歲的他所寫的《人性論》（A Treatise of Human Nature）。這個論點可說是痛擊了所有認為「自我」有其一致性的說法。根據休謨的看法，根本沒有「自我」這種東西。他寫道：「以我來說，當我進入了所謂的自己當中，我一定會碰觸到某些特定的感知，如熱、冷、光亮或陰影、愛或恨、痛苦或愉悅。不管任何時候，都不可能只抓住自己卻沒碰觸到這些感知。」請各位讀者試試看，就會發現這位肥胖的蘇格蘭人說得有理。唯一能抛開這一連串感知的方式，就只有睡覺或死掉。這項觀察，讓休謨在思想上有了驚人的躍進，而它聽起來不像十八世紀的思想，反而讓人聯想到佛陀教義或當代的存在主義：「我們什麼都不是，只是各種不同感知的叢聚……這些感知以不可思議的速度，一個接一個出現，綿延不絕，持續不斷。」

因此，我們可以說休謨把「改變」置於人性本質的核心，他認為，心智不過是「一種劇場」，而我們對於外在世界的各種五花八門的回應，就在劇場上演。還記得第一章提到的當代心理學之父威廉．詹姆士嗎，他說心智是一個同時上演著各種可能性的劇場——嗯，說不定詹姆士的這個理論就是來自休謨，然而，是休謨本人把這觀念導向更激進的結論：「被我們認為是歸屬於心智的身分認同，其實是出自虛構的。」它只是我們的想像力所臆造的事物。

—

如果休謨穿上他厚重的袍子，穿越兩百五十年後的時空，在二〇一五年來到英國南部的英國里茲市（Leeds），走入一處花木扶疏的郊區某間不起眼的屋子裡，不知道他會對這個霍爾姆斯一家有何看法。這個家庭近幾年來的遭遇，確實可以證明一個人對於自己心智的認知，會如何深刻改變自己心智所寄寓的腦子。他們的故事乍看之下會讓人懷疑：每個人都有一成不變的本質嗎？這種看法會不會只是一種幻想？從休謨的論點不難察覺到，休謨顯然認為個人認同是可以被徹底拆解的，然而這種想法或許會在霍爾姆斯家的故事上遇到挑戰。因為他們家置身於改變的風暴之中，卻仍然有能力去愛——即便這樣的愛是經由適應而來的。他們所面對的現實世界讓他們必須相信，人確實存在著某種同一性，那對他們很重要，它就跟學理論述一樣有說服力。

前來應門的人是彼得．霍爾姆斯（Peter Holmes），他臉上露出帶有疑惑意味卻陽光燦爛的笑容，他的姊姊維琪就站在他身後側邊。他們的母親索菲亞去上班了，原本在報社擔任編輯的爸爸羅伯特已經退休，他在從火車站開車接我回家的路上已把他家故事的梗概大略說了一遍：二〇一一年，他們全家趁著假期，去了塞爾維亞首都貝爾格勒（Belgrade）拜訪他妻子索菲亞．舍畢恩的娘家親戚。彼得和維琪的表兄弟姊妹帶他們到薩瓦河（River Sava）玩水上摩托車，不料彼得的摩托車發生意外，他的前額遭受重大撞擊，差點要了他的命。他昏迷十天，經過數個月的治療和調養，全家人和彼得自己才逐漸接受事實：這場腦傷意外徹底改變了彼得的性格。

「專家說，我們只能等著彼得的腦部自己重新啟動。」羅伯特說，他把車停在自家門外。「但四年應該夠啟動了吧？我記得以前有個同事說，我們只能等著彼得自己回來，但我知道，以前的彼得永遠回不來了。不管怎樣，我們在這裡，這是我們的家。」

彼得來應門時，我看不出他曾經歷過這麼嚴重的腦部創傷。他很高，長得很好看，穿著T恤和牛仔褲，臉上沒有任何傷疤，舉手投足的動作都很自然流暢，聊起旅程、天氣和喝茶的方式就跟其他二十一歲的年輕人沒兩樣。他不是聰明圓滑的人，但憨厚和善。

已上大學的彼得和維琪放假在家，此刻正待在客廳裡，羅伯特從廚房拿了茶水進客廳。牆上有好幾幀大幅的家庭照——他們去相館拍的全家福，背景一片白色，大家擺出輕鬆活潑的各種姿勢。這些照片拍攝於那場意外發生之前不久，照片中的所有人或抿嘴微笑，或笑得嫣然燦爛。今天在家裡也是笑聲時時可聞，彼此接話答腔、說笑、對每則軼事加以評論，然而，二〇一一年八月那場意外對他們造成的打擊，瀰漫在這個家庭裡。

一開始他們沒有正面觸及這話題，只談彼得在意外之前的模樣。他幽默風趣，輕鬆自在，是個陽光型的運動健兒。「就像足球迷那樣瘋狂，」他的父親說：「而且很邋遢。你真的很邋遢。」維琪說：「但他現在很愛乾淨，在意整齊。」接下來爸爸羅伯特說：「他房間的每個東西都是這樣。」羅伯特用手比劃出東西一排排放得整整齊齊的樣子。他們說，最重要的是，以前彼得和他的雙胞胎兄弟艾力克斯——他正在葡萄牙讀書——非常親近。「我們兩個對彼此可說心有靈犀一點通。」彼得說：「非常，非常，非常親近。」四周靜默了片刻，羅伯特才開口：「是啊，這很不容易，對吧？談起以前的樣子。」

他們開始聊到那年夏天在塞爾維亞發生的意外。意外前一天，他們整個大家族和舅公在貝爾格勒市郊的一處果園裡吃午餐——這果園是舅公的，他在園裡種梅子，準備用來釀白蘭地酒。他們在暖烘烘的太陽底下玩法式滾球，跟表兄弟姊妹比賽伏地挺身。彼得的脖子後側曬傷了，父母很擔心。「現在想來，為了那點小事擔心真是好笑。」羅伯特說，但彼得打斷他的話，說：「那是我最快樂的一天。」維琪補上一句：「從最快樂變成最可怕的一天。」

彼得說他只記得隔天走下河邊，在水上摩托車俱樂部旁的一棵樹等著。「這真的是意外發生之前我記得的最後一件事。」他說：「老實說，那過程一定很可怕，所以每次我開始回想，腦筋就變得一片空白。我不記得之後發生的所有事，接下來我只知道我在救護車上，從里茲總醫院（Leeds Gereral Infirmary）被送到艾勒頓教會醫院（Chapel Allerton Hospital）。」

「其實，那是意外發生兩個月後的事了。」羅伯特說。大家陷入沉默。

「彼得，要不要由我來說？」維琪問，彼得點點頭。

維琪提到，原本彼得不太想去玩水上摩托車，但被她說服了。「這是我人生最大的悔恨。」她說，然後描述他們跟教練一起出發，沒多久她聽到一聲砰，一開始不以為意，直到教練忽然轉向，指著河中央。

「我注意到河面上有一顆頭，水中的身體跟頭顱呈垂直九十度角。」維琪將手打直，比畫當時情況，並垂下自己的頭來模擬。彼得低聲補充：「而且面朝下。」「我立刻跳進水裡，抬起那人的身體，就在我把他的頭靠在我的肩膀時，我發現那人是彼得。」維琪望向弟弟，他正專注地聆聽，彷彿之前沒聽過這一段。「河水好像被染紅了，都是血，當時我以為他死了。」

彼得被人用水上摩托車載到岸邊，然後由救護車送到貝爾格勒的醫院。醫院做了電腦斷層掃描，發現他的腦部正中央有出血現象。根據醫界常用的格拉斯哥昏迷指數（Glasgow Coma Scale），彼得的指數是三。通常，嚴重的腦部創傷會讓昏迷指數在九以下，而低於五的存活率就很低。預後狀況很不妙，十天後，他仍然沒反應。後來彼得被送上飛機，回到家鄉的里茲總醫院就醫。在里茲總醫院，他的昏迷狀況逐漸好轉，接下來是長期的復健療養過程。一開始，彼得先學走路，「就像小寶寶學走路那樣，他的腳步很不穩。」維琪說。接著是學說話。「學說話就學了十八天。」羅伯特說：「語言治療師要彼得打電話給上班的媽媽，對嗎？結果，這孩子打過去後，只會說『嗨，媽，是我彼得。』。」「那語氣就像機器人。」維琪說。那個星期，彼得轉到離家更近的艾勒頓教會醫院。「轉院過程是我受傷後第一個清楚的記憶。」彼得說：「我記得四周有人，我記得那時我想著，發生了什麼事？我為什麼在這裡？這些人是誰？我記得我抓著救護車裡的欄杆，因為我以為那些人要殺我。至於在塞爾維亞的事，我完全不記得。」

在新的醫院待了幾個星期後，彼得可以清楚說話了，也能行走，但他的兄弟姊妹和父母都知道，彼得不再是原來的彼得了。甚至有幾次想逃出醫院。

「慢慢地，」彼得說：「我開始思緒分明。但我仍處於驚嚇中，還沒完全接受現實，因為我不記得他們說的那些事。換句話說，我還無法吸收，無法真正接受。但隨著時間過去我比較常回到現實了——」他停下來，看著父親和姊姊：「我開始說比較多話，問他們更多問題，漸漸地我明白自己發生了什麼事。」

聖誕節前夕，他出院了，展開為期十八個月的居家復健療程。全家人，包括彼得，都認為整個復健療養的時間應該長一點才對，這樣他們才有時間慢慢接受彼得的轉變——其實，應該說是全家人經歷的轉變。

「我知道我的性格變了。」他把穿著襪子的一隻腳塞到另一隻腳下，垂眼看著雙腳。「發生意外之後的一月，重新上學的第一天，我便明白我變得不一樣了，我想，朋友們也都感覺到了。我知道，我的思考方式和感覺就是——」他思索合適的詞彙——「就是不對勁，即使我很努力想跟以前一樣，但我就是變了，一切都不一樣了。」

「見到他活過來的奇蹟，」羅伯特說：「你會忍不住幻想，一切都能回到意外發生之前。一開始，我很難接受他不再是我們以前的那個彼得，我想，不只是我，家裡其他人也很難接受。我花了兩年，才完全明白這真的是不一樣的彼得了。他還是個好彼得，但不一樣了。」

接下來，這家人都在討論彼得的哪些細微處跟以前不一樣，彷彿想努力把被強風吹散的碎紙給拼湊回來。關於新的彼得跟原先的彼得之間的不同點，聽起來都不是多麼重要的事，但一件一件累積起來，你會發現他們的失落有多巨大。這是一個非自願發生的斷裂劈開了過去和現在，加上彼得在個性上所凸顯的轉變，都說明了他的故事不同於本書其他那些為了修正人生方向的人所做的改變。因此，這似乎告訴我們，我們每個人並不是如休謨所說的那樣，是感知的叢聚，而是由許多小習慣和腦子裡長期以來所上演的各種奇思和性情所構成的集結體。

意外發生後，彼得在智識上變得比以前遲鈍，而且常會執著於微節，比如他會整天閱讀某本書的某一章，或者花好幾個小時觀賞某部DVD，因為他讀一讀或看一看就會停下來，怕自己錯失了書本或影片中的某些殘餘意義。他說這是「過度思考」，這種傾向導致了焦慮，也讓他憂鬱、失眠、跟人起爭執——比如他會不斷回想別人隨口說出的評語。他對生活變得過度認真，但有時又會對於自己能達成的目標有非常不切實際的看法。「他不再是過去那個好相處，幽默風趣的人。」他的父親說：「現在，他有一種拯救全世界的衝動，對吧？」彼得點點頭。「你總會有一些更遠大的念頭。」

然後，他們談起去年彼得甚至動念要去尼泊爾攀登安娜普納峰（Annapurna）。「這是世界最高的山之一。」彼得說。坐在椅子上的他興奮得幾乎坐不住。羅伯特問：「可以提明星女神卡卡的比喻嗎？」彼得便說：「我爸說，他跟女神卡卡上床的機率遠高於我爬上安娜普納峰。」他們三個哈哈大笑，但我從彼得那雙藍灰色的眼眸看到了一種早上起床偶爾會出現的困惑眼神，那就像別人說著你所不懂的語言時，你在旁邊努力想表現出你能融入其中的樣子。「而且他還把我的這段話寫在他的板子上。」羅伯特說。彼得那整理得有條不紊的房間裡，有一塊白板，上面寫著他不想忘記的事情，包括上次的剪髮日期、他交代理髮師的話、爸爸對爬安娜普納峰所說的評論，以及他幾個月前參加的馬拉松大北賽的訓練時間（譯按：Great North Run是每年九月在英格蘭東北地區舉行的世界級馬拉松比賽）。此外，他還以黑色的粗筆寫了一段話：「你沒有失去你的幽默感，彼得。」這是最讓彼得擔心的事。在整場訪談中，他提了五、六次，反覆強調現在的他比意外發生之前更風趣、更酷。這是他很在意的事。

「我想，我很多朋友真的認為我只不過頭部撞擊了一下，但真實情況不是他們想得那麼簡單。」彼得說：「有時候，我覺得我什麼都不用說，我的頭的創傷就透露了很多訊息。這個傷影響了我的一切。我才明白，腦子所想的東西，大大說明了你是什麼樣的人。對我來說，我得努力讓我的人生有新意義。雖然我每天都在進步，但我還有很多努力的空間。」彼得聳聳肩，一雙藍灰眼眸怔怔地定視良久。

——

彼得・霍爾姆斯與他的雙胞胎兄弟艾力克斯長得非常像，就連他們的父親看著照片都分辨不出誰是誰。剛出生時，醫院說他們是異卵雙胞胎，但家族每個人都懷疑他們根本是同卵雙胞胎。彼得說，他們兄弟經常有同樣想法。「這世界上沒人像他那麼了解我。」他說。也因此，這樁意外的代價對兩人來說都格外巨大，而且從此之後，他們就不再是以前那樣，兩人可以照鏡子般彼此映照。我在里茲拜訪彼得和父親及姊姊時，艾力克斯在里斯本念書，幾天後，他透過通訊品質斷斷續續的電話告訴我：「現在，我知道了人生有可能在幾秒鐘內就徹底改變，而且除非你經歷過最糟的狀況，否則你不會知道你們的感情有多堅固。不過我也學到了，如果你的家庭有足夠的愛，你們就可以熬過生命中的黑暗時刻。雖然，我們已經當了一輩子的家人，但直到意外發生，我們才見到完整的家庭關係。而我也才因此了解，家人之間的愛是多麼有力量。至於我和彼得，我們真的、真的依然很親密，每天跟對方說話。」

直覺上，我們認為愛之所以能歷時不衰，是因為我們可以預期某些穩定的身分認同不會變，但周遭世界隨時在變，真正能歷久不衰的感情經得起魚尾紋、肌肉鬆垮下垂和歲月增添在身體上的肉墊，但我們仍常說，我們之所以愛我們的伴侶、家人和朋友，是因為＿＿＿＿（請填入任何適當的詞彙）。

我們大概都會在空格內填入某項穩定的特質。然而，霍爾姆斯家的例子證明，就算驟然經歷了很根本性的變故，我們也可以靠著有彈性的愛，行駛於人生的茫茫大海。就如同那天早上彼得的父親說的：「重點是，我們知道我們全都被改變了，彼得變得不一樣了，但我們在那過程中也都變成不同的人。」天知道，這種或許可稱為「邊緣系統的修正」的過程可不是那麼容易就能辦到的，需要家中每一個人都能刻意去做，並且動用想像的能力。這家人的適應能力、幽默感和親密度讓彼得有辦法改變。就在彼得腦部的無數神經細胞重新連結之時，他的家人也串起了一條生命線，把那個因頭部撞傷而消失的舊彼得和後來變成的新彼得連結起來。從彼得的例子來看，我們或許可以說，大衛・休謨所說的「虛構的」身分認同，似乎又是值得相信的。

第10章　減重之後的身體與我

或許你一直在等待聽到一個像麥可．沃德比（Mike Waudby）這樣的改變故事。現在，故事來了：這個真實的故事絕對能讓大眾開心，它若出現在白天的電視節目上，肯定會讓觀眾叫好，若出現在臉書上，肯定會得到整群陌生人跑來按「讚」。因為麥可的轉變本身就是很討喜且標準的改變前改變後，透過照片可以證明，確實可以有一種身體上的轉變是令人讚歎的，而且是有市場價值的。

他在改變前是這個模樣：一個看起來肥胖到病態的男人，整個人塞在一張扶手椅裡。從外表看不出他多大年紀，因為他腫如月亮的臉把眼睛擠成了兩條黑線。他穿著巨大的黑色T恤，胳肢窩明顯看得到汗漬，衣服正面的下緣被肥肉擠高了一、兩吋，露出一片泛青的腹肚。他那一雙壓緊了坐墊的大腿溢出了橫肉，手臂掛在扶手上，垂下一圈肉，另一隻手的中指舉高，比出不雅手勢。

改變後的樣子就有精神多了：一個三十出頭、肌肉健壯的年輕人，輕鬆地靠在椅子的扶手上，手上拿著健身房常見的塑膠大水瓶。他身穿灰色V領緊身衣，炫耀著他緊實的胸肌和精心鍛鍊過的二頭肌。他的下巴稜線分明，一雙褐色大眼閃露著笑意，那模樣看起來簡直可以當廣告模特兒，事實上，他確實在廣告些什麼。

麥可．沃德比冀望他自己這則驚人的救贖故事——在十八個月內減掉一百一十四公斤——可以造成轟動，拿來當作減重事業的招牌。他的減重課程包括天然藥草補充劑和私人鍛鍊計畫，他希望能跟專業的健美運動者一較長短。不過，一切仍是紙上談兵階段，因為他還「身無分文」，但他充滿希望。而且這件事最棒的是，他生命中的這個巨大改變已經成為他的存在的理由。此刻，他正在改變，這意思是指他的內在轉變還沒結束。因為，眼前這個來應門的麥可——他住在英國赫爾市（Hull）一條破落街道上，一間有露臺的維多利亞式的房子裡——看起來雖然好像跟照片中的猛男一樣有自信，但行為舉止沒那麼有信心，領我進門時有點過於謹慎、尷尬，彷彿是借用別人的皮囊來撐起這樣的外表。

麥可在二十歲之前的幾年裡開始發胖。那時他第一次經歷失戀，發現喝酒可以讓他不用面對複雜的家庭問題和長久以來的憂鬱沮喪。他天性害羞，又「真的不快樂」，喝酒正好能麻痺他，同時帶給他信心。結果，酒愈喝愈多，也愈吃愈多，吃到最後，他可以輕而易舉就多吃一份正常份量的餐點，同時灌下兩千五百毫升的蘋果酒，或者深夜時分乾掉一整瓶威士忌配上冰箱裡的剩餘食物。

「我不只是喝，我喝必定喝到醉。」他在餐椅上坐得直挺。他把餐椅從飯廳搬來客廳正中央。「我就是非喝得比別人多不可，如果吃，也要吃很多。」他打住話語，用手比劃一個大盤子，又說了一次。「吃非常多。」

二十一歲生日前夕，麥可的體重高達一百三十二公斤，他開始感覺社會對待肥胖者猶如賤民。他變得非常敏感，很容易察覺別人的輕蔑眼神，譬如他會發現一對手牽手的情侶看著他，互看一眼，然後搖搖頭，還有商店裡的結帳員在他走到聽不見的距離時，對他的外表竊竊私語。

「即使我待人客氣有禮貌，」他說：「即使我不曾傷害過誰，這個社會還是厭惡我。我心想，為什麼？難道只是因為我的外表，況且那時我又沒胖到那種程度。」

俄國文豪托爾斯泰（Tolstoy）說：「身體是維生機器。」但麥可變成的是一個在生活中卡住的機器，起碼無法順利過正常生活。接二連三的汙名經驗讓他感到備受屈辱，逼近臨界點的種種不愉快，構成了他二十歲的生活基調。

「我和朋友安迪坐在附近的酒吧裡，」他微微把頭探向外頭的街道。「有個女孩走向我，對我說：『你可以離開酒吧嗎？』我滿臉困惑，問她：『為什麼？』結果她說：『因為大家看到你都想吐。』結果哄堂大笑。但她沒笑，定定地看著我，說：『我要你離開。』接下來，更羞辱人的是，酒吧的員工和一群小伙子也哈哈大笑，還瞪著我。安迪說『我們走吧』，於是我們離開。但我們都已經要走了，那女孩還說：『快滾，死胖子』。後來我要搭計程車回家，結果司機不讓我上車。他說：『你太胖了，我怕你壓壞我車子的懸吊系統』。從此之後，我採取了最省事的方式，好吧，那我就不要出門。」

接下來七年，麥可．沃德比就窩在家裡，他父母的房子裡。最後他真的變成足不出戶的宅男。他有憂鬱症，醫生幫他向政府申請了疾病補助津貼，所以他不需要去職業介紹所找工作。他直接向酒商訂酒，酒直接送上門，他吃母親煮的食物，這樣過了一年又一年，他說他自己變得「愈來愈大隻」。他的母親擔憂，父親咆哮，姊妹揶揄，但麥可就是這樣窩在房裡，反覆想著都是那些人害他變成今天這個樣子，「你在看什麼？你有問題嗎？我想一遍又遍對他們這麼說，然後我就開始喝酒，想著一切都會變好的，情況會自行改善。」

現在，麥可小心翼翼地走上樓，穿著襪子的雙腳盡量步履輕盈。他要讓我看看原本是他囚籠的那間維多利亞式的陰暗大房間。他的手指撫摸著木屑紋路的壁紙上那個拳頭大的凹洞，這是有次他沮喪又憤怒時赤手捶出來的。房內有書桌，一部電腦，罐子裡有幾隻筆，幾片DVD，以及一張超級大的辦公椅。他說，他就窩在這裡看電視，上網，在社交網站MySpace上跟女孩聊天，無視噸位漸增所造成的不舒服，包括承受過大壓力的關節、身體疼痛，手指的抽痛，還有長久坐在這張不符合他體型的椅子上所導致的雙腳疼痛，以及酒精造成的喉嚨酸灼感。

二十七歲時，除了身體上的疼痛，他連心理也痛苦得要命。他決定去看醫生。「這算是小小的呼救吧。」麥可說：「但求診的過程糟糕透了。」他的父親得拔掉汽車前座，才能讓他塞進汽車後座。走進候診室中，所有人都盯著他看。醫生幫他秤了體重，兩百零八公斤，要他戒酒，睡覺前只吃麥片，並開了抗憂鬱藥給他。幾天後，麥可把家裡所有的藥收集起來，包括解熱鎮痛藥、安眠鎮定劑，然後坐在書桌前，用八罐啤酒和兩瓶威士忌把它們全吞下肚。

「就是這一張桌子。」他說，伸手摸摸它。「能吞的藥，我都吞了，還放了我最喜歡的專輯，『槍與玫瑰』樂團的〈毀滅欲〉（Appetite for Destruction）。我就這樣聽著音樂，看著空白的螢幕，心想我終於做了，我終於有勇氣自殺了。但接下來，我發現自己從書桌上醒來，沒有宿醉、沒有疼痛，什麼都沒有。我這才明白，我仍困在這副龐大的軀殼裡。」

那一刻令人作嘔，但接下來幾天，奇怪的事發生了。麥可變得不再需要酒，而且開始思考為什麼他還活著。這種非宗教的奇蹟經驗震懾了他，他忽然被一種責任感包圍，知道自己必須脫離這種狀態，而且有一種全新的主體性冒了出來，他知道唯有他自己可以救自己。

「這種事很難解釋，總之它就是發生了。」麥可說：「當下我悔恨交加，但那個頓悟讓我不再對自己說：你好可憐，這不是你的錯。我改口說：你這個白癡，全都是你的錯。我頓時明白，我要減肥。我不需要靠醫生或任何人，我得靠自己，因為我要拿回我的人生。我要跨出你剛剛進來的那扇門，我要去商店，去酒吧，我要坐進我的車，去上班。我要跟某個人成為好朋友，我要成為某人的世界。過去，我無法做到人生的這些事。」麥可停頓片刻，放在大腿上的雙手緊握成拳。「但現在我要好好地過日子。」

於是，麥可決定讓他的身體變成「維生機器」。他去找父親，這次父親沒有咆哮，而是拿出他僅有的四百五十英鎊，用郵購方式買了一台橢圓交叉機給他，擺在麥可的臥房裡。其實這一台是廉價品，只設計給體重一百三十二公斤以下的人使用，但隔天早上麥可還是起床，爬上機器，開始運動。對他來說，每一秒就像『一輩子那麼長』。他氣喘吁吁地低頭看：才過了兩分鐘。但那天晚上，麥可沒喝酒，也沒吃垃圾食物，「一切就從這時候開始」。他說：「我變成最有動力的人。」

關於減肥，書店裡的自我成長書區上有一排又一排看不到盡頭的書，但現實上，減肥沒什麼神秘的妙方，不過就是少吃多動。但對麥可這樣的人來說，光是這一點改變，就像不靠繩索或安全裝置去攀爬光滑的垂直面那麼嚇人。麥可唯一能找到的立足點，就是一步接一步，把他原本的性格特點用在新目的上面。他的性格特點包括走極端、自我懲罰，以及養成習慣就難以改變。因此，他選定了必須改變的事物後，就利用這些性格特點去改變。就這樣，在沒有外力介入、也沒有上網瀏覽減肥資訊的情況下，麥可替自己建立了一套自我懲罰的生活模式。他完全不碰酒，餐點自己做，嚴格規定自己三餐只吃「平淡、乏味」的食物，只在規定的時間進食，一天三次利用橢圓交叉機運動，短短幾個星期就有辦法每天魔鬼操練達到一百八十分鐘。

「運動到破皮是很痛苦的，皮膚泛紅，雙腳發麻，但我不在乎這些痛苦。最痛苦的是心裡要撐住。這種經驗我不要重新經歷。」他靜靜地說：「因為我的腦子、我的心都明白我在做什麼。我很多的動力是來自於對自己的憤怒，氣自己造成這樣的後果，但我知道，如果我放棄，我就永遠做不到。」

這時傳來敲門聲。麥可的母親端著一盤食物進來，有煎蛋、冷雞肉和一大堆水凝狀的沙拉。麥可瞥了手錶一眼。

「我可以吃點東西嗎？」他說：「我到現在仍嚴格遵守飲食規則。」他笑了笑，開始靜靜地吃。

—

談起成人的大腦時，我們經常不自覺認為它是固定的，不過，多虧過去半世紀腦科學方面的進展——雖然有點吹捧過頭——現在許多人起碼都聽過「神經可塑性」（neuroplasticity）這個概念。這個名詞指的是當我們的生活改變，無論改變的程度大或小，腦部構造也會跟著改變。在本書的每一則故事中，都可以聽到「神經可塑性」的旋律嗡嗡響著。

有時，人在受傷之後，大腦會出現強烈的可塑性，就像前一章的彼得．霍爾姆斯的例子，但他的家人同樣也有適應能力，根據行為、情緒、思考過程或環境的改變，也就有相應的神經路徑和神經突觸的改變。我們可以用我們具可塑性的大腦想像一下，第六章提到的那兩個艾琳娜寫下她們的新名字，感受到新名字帶給她們的神奇魔力時，她們的腦部正有神經連結的樣貌發生改變。第七章提到的盲人宣德勒．海瑞恩後來恢復了視力，或者第八章的女同志瓊安．佛萊雪跟茱蒂墜入了愛河時，他們腦中的神經地圖都產生了變化。同樣的，當過度肥胖的麥可．沃德比站在橢圓機上，費力地運動著，並準時吃著清淡食物時，他的顱骨底下的神經網絡正出現新的路徑。

然而，有一個雞生蛋或蛋生雞的問題——到底是腦子改變了所以我們受到影響，或是因為我們改變了，所以腦子跟著變。原因如何，有待科學家去探究，但不可否認的是，我們的腦子一輩子都在改變。如同當代許多研究所呈現的結果，可塑性是人類最基礎層次的一種機制，甚至到了老年階段，大腦仍具有可塑性。就像古希臘哲學家赫拉克利特觀察河流所發出的喟嘆，湧動不歇的改變是人類的本質。若有人對於我們所能改變的程度多所懷疑，那麼，「神經可塑性」這概念就可提供有力論證。

神經可塑性的概念是在一九六〇和七〇年代逐漸取得優勢地位，挑戰了千年來的主流科學觀點。但這概念其實早在一七九〇年代就曾經閃現但未被重視，那時義大利西北部皮埃蒙特區（Piedmont）的一位解剖學家發現，經過訓練的狗和沒有訓練過的狗，兩者的腦部經過解剖後發現構造有所不同。另外，從第一章就提到的那位哲學家，留著鬍鬚的威廉·詹姆士在一八八〇年代寫的一本小書上，也發現了這種神經可塑性的概念。這本只有薄薄六十八頁的《習慣》（*Habit*）一書，討論了「我們所為」與「我們是誰」之間的關係。書中提供了一套行動方案，讓我們對所做的事情感到厭煩時可以參酌。

此書開宗明義的第一句話，就呼應了大衛·休謨的說法：「若去觀察生物……首先讓人驚訝的是，生物可說是習性的叢聚。」接著，詹姆士提到，習性是人類改變的基石，因為人的習性有「可塑性」，而且這種可塑性結合了連續性和轉變的可能性：

> 廣義的可塑性，是指該事物的結構脆弱到足以受到外力影響，但同時又強壯到不會一次就徹底改變。……有機物質，尤其是神經組織，具有這類可塑性的程度非常驚人，所以，我們或許可以毫不猶豫地確定第一個論點……生物之所以有習性的現象，是因位身體組成的有機物質具有可塑性。

接下來，討論了習性這東西——包括習慣把手插進口袋、咬指甲，或者比較麻煩的性格僻好——「是如何深化了腦中的舊有路徑，或者製造新路徑。」但詹姆士有一個錯誤，就是他認為頭腦可塑性是年輕人的獨有特色，過了三十歲之後，「性格就像硬掉的灰泥，永遠不可能軟化。」認為可塑性是青少年獨有的這種觀念，始終支配著神經科學界，直到二十世紀末才被推翻。不過，詹姆士熱切呼籲大家要盡早建立最適合自己的整套習性，免得上了年紀就來不及，並且提出建立習性的建議，包括：盡可能以果斷迅速的態度來主動打破不好的習性，絕對不要輕忽，而且要跨出自己的舒適圈，進一步建立良好的日常習慣，這樣才能更有能力面對未來為了革除習性所做的改變。最後，詹姆士大聲疾呼：「此後人生所要忍受的地獄，絕對不會比我們建立了錯誤習性之後在這個世界所構築出的地獄更糟。我們都是在為自己塑造命運。」威廉・詹姆士在寫這本書時，心裡一定想著麥可・沃德比這樣的人物。

有個習慣，麥可還無法打破，也就是說某些頑抗的神經路徑還沒受到干擾。他說，他仍習慣把褲腰往上拉，也還是習慣坐下時就要在腿上放抱枕，以便遮住肚子，雖然巨大的腹部已不存在。今天，果然有抱枕，而且吃午餐時，他的身體就倚在抱枕上，就連吃過午餐把空盤往旁邊擱很久了，抱枕仍在大腿上。

他描述他走下了橢圓機，看著自己的身軀，忍不住哭泣。他說到他建立起來的固定作息模式和養成的新習慣是如何讓他憑著鋼鐵意志去抗拒披薩和啤酒。「但不管多少次我覺得自己是個廢物，我都知道我必須減肥。我知道我必須吃得清淡，必須鍛鍊。沒有那一套飲食運動作息，我就不可能振作起來。」果然如威廉・詹姆士所言。

實施這套飲食運動法八個星期後，麥可感覺T恤穿起來變鬆了，這時他才想到或許該再去量體重。可是，對於一個體重等於一家四口總和的人來說，量體重可不是件容易的事。這次，他的父親再次拆掉汽車的前座，載著他在市區繞，想找一找哪家藥妝店有舊式磅秤型的體重計。終於找到了，但父子在店門外坐了好一會兒，等著麥可鼓起勇氣踏進去。

「我把頭壓得很低，完全不敢看人。」麥可緊捏著抱枕的布套。「磅秤就在店面後方，而附近有一群婦女正在看洗髮精之類的東西。我踏上去，投入硬幣，以為它會顯示出我的體重，然後跑出一張收據，沒想到電子語音以偌大音量播放：『即將量體重，請站好，往前看』。」就這樣，整間店的人都注意到我在量體重。我嚇得發抖。沒想到接下來它還報出我的體重數字。您的體重是一百八十九公斤。這分明是昭告全天下嘛。我拿了收據，回到車上，開始哭泣。不過，握著那張紙，我開始想，好，我瘦了十九公斤，很棒。」

那是二〇〇九年五月十五日。麥可賣掉兩台舊式的電動遊戲機組，給自己買了一組二手的槓鈴，當作慶祝。接下來十五個月，他和父親每兩個星期就去那家藥妝店秤體重。一百七十七、一百七十三、一百六十六、一百五十八、一百五十一、一百四十四、一百三十八、一百三十二。在他自己減重一年後，體重面臨停滯期，有一、兩個星期維持不變，所以他加入巷子裡的一間健身房，他說，從那時開始，「哇！一百二十六、一百二十、一百零七、一百，最後，在二〇一〇年八月九日早上十點三十五分，我的體重降到一百以下，變成九十八公斤。」此後，麥可固定在健身房量體重。終於，在二〇一

○年，樹葉由綠色轉成橘黃色的入秋之際，他瘦到了對應他身高該有的理想體重，九十一公斤，而且變得很結實。

現在剩下的問題是蛻變之後的蝶蛹怎麼辦。曾經包覆著他兩百零八公斤體重的皮膚，此時成了懸掛在他身上的裝飾物。恭喜聲從四面八方湧入，但麥可覺得「自己跟兩百零八公斤時一樣醜，因為當時我想要談戀愛。我心想，怎麼可能會有女孩喜歡我這種模樣？我想，從某個角度來看，我確實是虛榮。」那個冬天，他的父親向銀行貸款，付錢讓他去做整形，割除掉鬆垮的肌膚。接著，麥可開始健身練肌肉。

就這樣，一隻美麗的蝴蝶，雖然是肌肉結實的蝴蝶，終於破蛹而出，於焉誕生。而且，終於，終於，他的人生重心從悔恨變成企圖心，從被迫做出決定到變成閃亮的光束。接下來十八個月，麥可找到了愛情，拿到私人健身教練的資格，即將開創他的減重事業，同時還有家具及摩托車改造的副業。他展開了全新人生，但這可不是魔術師把箱子的人物替換掉的戲法。麥可扎扎實實改變了他的外表後，通往內在轉變的那道門才真正開啟，而他的內在轉變，顯然仍在進行中。

「我想，那個內在的麥可，」他小心翼翼地從大腿上拿起抱枕，放在地板上。「胖到兩百零八公斤的那個宅男，永遠不會離開我。他永遠會在。但你知道嗎？我每天都更能超越他，對自己感覺很好。我還在學習愛自己，但我早上起床時會記得體重變成一百八十九公斤，然後到一百七十六，接著一百六十四公斤，而且我永遠不會停下腳步。我永遠不會他媽的停下來，我需要去追逐些什麼，去奮鬥些什麼，這樣我才會不斷前進。現在，我有這個機會來鼓舞大家：如果我辦得到，你也能辦到。」

他說得對。如果麥可能辦到，你也能辦到。他把自己打造成了「維生機器」，這個機器可以告訴大家，人可以改變到什麼程度。

第三部

我們如何改變

第11章 做你相信的事

經歷了英格蘭北部的酷寒一月之後，置身在四月的巴黎好比天上掉下來的福氣。四季嬗遞，冬天腳步走遠，春天來臨。從機場的接駁車望出去，鐵軌旁有一棟頹圮的倉庫，滿是塗鴉的牆壁倒坍，露出的鋼筋宛如被掏空的屍骸骨架，但那裡現在有一座生機盎然的小花園幽隱其中。一叢開著花的雜草在陽光底下欣然點著頭，一群蝴蝶在草叢的四周嬉戲，振翅迎接通勤的人們——他們正準備前往井然有序、光鮮亮麗的第一區。那兒，在車站外的林蔭大道上，馬栗樹的花朵昂然怒放，剛綻放的燭型花朵俏麗奔放。若你踩著雍容步伐經過艾菲爾鐵塔底下如巨爪的鐵架，抬頭仰望蔚藍天空，此番景色很難不讓你感受到嶄新的希望。這樣的一天足以滋養靈魂。

「靈魂」這個字，在古希臘時代，和蝴蝶是同一個字，ψυχή，意思是心靈。不過，從字源學來看，英文的「蝴蝶」butterfly這個字就讓人失望了。這個字的起源頗有爭議，但有位聲譽卓著的字源學家（據悉他是演化生物論學家達爾文的表親）推測，butterfly這個字應該是來自古荷蘭文boterschijte，指的是這種昆蟲排泄物的奶黃色。不過，讓我們把重點放在靈魂而非排泄物上，開始思考靈魂或心靈是如何改變的（而不是為何會改變，或者是否可以改變），甚至像蝴蝶那樣蛻變。

其中的一種答案，就在這一段理想春日從艾菲爾鐵塔開始散步的路上。離鐵塔不遠處，在兩扇古典風格的高聳門扉之後，有一間溫暖而充滿現代感的辦公室，辦公室裡的帝迪爾‧隆恩（Didier Long）也是個溫暖的人。而且，等你得知他的故事後，也會發現他這個人竟也充滿現代感。帝迪爾‧隆恩深知人是如何改變的，畢竟他自己就改變太多了。事實上，帝迪爾的靈魂可說經歷了漫長的探索過程才來到今日的樣貌。

—

三十年前，帝迪爾・隆恩是皮耶爾—季韋爾聖瑪麗修道院（Abbaye Sainte-Marie de la Pierre-QuiVire）的新進修士。這間信奉天主教本篤會的修道院，強調簡樸苦行，位於法國中部勃艮第區（Burgundy）那片巨大的莫爾望森林（Morvan）深處。他加入修道院時才十九歲，加入後短短半年就決定禁語，行削髮禮，捨棄原有的名字，變成馬可弟兄，並穿上專屬的修士長袍。

這是帝迪爾人生的首次大轉變。在這之前幾年，他還是個難以管教的叛逆少年，但跟他同樣在工業城克勒蒙費朗（Cleermont-Ferrand）一起長大的同卵雙胞胎兄弟卻是個乖孩子。「我到處惹事生非，」帝迪爾說，並以學者的姿態調整眼鏡。「基本上我是個流氓。十三歲就會偷摩托車。但我在想，或許內心深處我是害怕的，卻不知該怎樣甩掉恐懼，於是就讓自己變得兇狠，最後甚至變得非常殘暴。」接著，他說起一個體型是他兩倍大（他算中等身材）的人，在沙灘上隨口羞辱他，被他打得滿嘴是血，掉了兩顆牙。他還說，那時他不管走到哪裡，都隨身帶著足以割喉的銳利剃刀。他提到十六歲時，跟女友「幾乎無時無刻不在打炮，因為我不懂得用語言溝通，所以對她做盡了各種事。」他說，露出畏懼表情。接著，像是事後才想到似的補了一句：十七歲生日的前夕，他試圖自殺。帝迪爾以中性的口吻提起這事，亮閃的眼睛睜得分明，此外沒再多說，只提到，「因為我看不出我的生命有何意義。」

一九八三年秋天，帝迪爾因自殺而住院，在出院後幾個月，經歷到只用能說是「神啟」的經驗。改變，有時就是發生得這麼神秘。出院後，他到朋友位於鄉村的家中靜養，那男孩的父親是鎮上一所大學的中世紀神學教授，博學多聞，但個性嚴格，不容許孩子鬧脾氣或在床上彈跳。當他抓到帝迪爾睡了他的姪女，只說了一句話：「帝迪爾，我家不是妓院。」就不再追究。他聆聽這年輕人的哀嘆，讀聖經給他聽，替他的靈魂點蠟燭祈福。

「忽然——」帝迪爾急切地橫過黑色美耐板的桌面，試圖強調他的重點：「我體驗到一種騷亂感。我不知道為什麼，到現在仍不知道，但我確定不是因為聖經的關係。總之，我忽然明白，世界不是我在那之前所以為的樣子，而是有某種深度。我在秋天時自殺未遂，但現在春天來了，鳥兒歌唱，世界有光，我想，我活過來了。而且，我發現生命是美好的，事物從內往外透出光亮，我置身在一個生機盎然的世界中，但我以前從不明白這些。」他的身體往後靠，望著窗外那隻在半空盤旋的鳥兒好一會兒。「當然，我明白這是神的緣故，是存在於萬事萬物的那股神秘力量，是那股愛我的力量。而這種感覺自此不曾離開過我。」他露出笑容，彷彿有人剛剛送了禮物給他。「那感覺徹底改變了我的生命，我覺得我要把我的生命奉獻出去，我能做到的也僅止於此了。」他呵呵笑了幾聲。

他的情形跟減肥成功的麥可．沃德比相似得驚人：帝迪爾把他長久以來的極端傾向，投入宗教，取代了原本的暴力和性。「我無法想像以半調子的心態來做事情。」他說。他寫信給皮耶爾—季韋爾修道院的院長，安排拜訪事宜。他描述第一次來到修道院的過程：經過了彷彿幾小時的黑森林之後，出現一座光亮的石砌大堡壘，拱門高聳，進入院內，上百個穿著黑袍的修士靜默不語，氣氛澄澈如水晶。一年後，帝迪爾．隆恩成了他們的一份子。

修道院的生活戒律嚴謹，半夜兩點鐘起床，一天有七次的敬拜集會，尤其是新進者必須恪守全部戒律，扛起艱辛的體力勞動。在這修道院裡，你的肩上不再有做選擇的負擔，取而代之的是套上服事神的重軛。這種日子，「彷彿之前的事情都不曾發生過」，帝迪爾這樣說。曾經是貴族身分的修士，與曾經自殺的少年，坐在同一張桌子前，在這裡人人平等，所有人都在這裡重生，你有了新名字，要學習新的走路方式、站立和坐下，還要學習唱歌、跪禱甚至新的呼吸方式。不吃肉，不飲酒，被訓練使用少數的手語，以遵從靜默戒律。帝迪爾示範了其中幾種手勢，「我想和你說話」、「院長神父」、「餐點」、「稍後」、「開始工作」，這些手勢比劃起來確實比他自己的手勢要安靜得多。修道院裡有一間起居室，在裡面可以跟其他修士說話，而對話的另一方則可以透過傳紙條來表達意見——紙條放入一個稱為babillard的箱子中（這個法文字在英語裡是babbler，很諷刺的，意思是嘮叨者），但帝迪爾說這個箱子用不太上，因為大家都認為靜默是好的。

帝迪爾詳細說明在那裡的艱辛作息，但他費心強調，即使床很硬、修道院很冷、工作很勞累、生活作息很受限，但這種種限制反而提供了一種管道，讓人可以進行非常私密的「內心旅程」。他用小手指和手勢在光滑的黑色桌面上畫出這趟旅程：三個圓圈局部重疊，分別寫著「你是誰」，「你做了什麼」，以及「你相信什麼」。我逐漸明白，這種內在旅程就如同突然打下一道炫目亮光的神啟，都是真正的蛻變開始發生的地方，而靈魂也在這樣的過程中起了變化。

「在修道院裡，你不知道自己會變成什麼樣，」他說：「因為在裡面的生活是一種練習，不是信仰。他們不會問你原本相信什麼，他們不在乎。重點在於你有沒有服事神。你的心情會從絕望變成喜悅。你今天覺得跟神很親近，但明天覺得跟神疏離。總之，在靜默中，你會經歷到這一切感覺。所以，修道院可說是——」帝迪爾停頓下來思索了好一會兒——「一面鏡子，反射出你的靈魂狀態。你的靈魂就在你的眼前，你看著它演化，世上沒有比這更偉大的旅程。」

在皮耶爾—季韋爾修道院，唯一能說話的時刻是上課的時候，這些課程連同苦行生活，構成了修道院豐富盎然的求知氣氛。想要成為神的人，你的思考工具也必須用在服事神上，這對帝迪爾來說是一種「深刻的改變」。重生之後變成一個讀書人的他，開始學習希伯來文、拉丁文、希臘文、神學、心理學、哲學和繪畫。

「大家認為禁慾是很難的事。」他預想到我的下一個問題。「其實不然。因為你已經把你的整個心靈和身體變成工具，這是為了神而做。除了身體有很多勞動之外，心理的勞動也很多，這些都會改變你和欲望的關係。心不動，只有季節變動，因此，這可說是封鎖自己以求自由。」帝迪爾起身，打開細長的窗扉。

在他坦白了少年時代的荒唐行徑後之後，聽到他說他在修道院那段與世隔絕的苦修時光而有了罪感，可真讓人覺得驚訝，這主要是因為現在他顯然不再是馬可弟兄了。此刻，他與我置身巴黎市中心，一家精品網路顧問公司的會議室裡；他正與執行長說話，上身是合身的白色襯衫，領口部位略顯緊繃，細長的藍領帶看上去有小學生的感覺。他這副模樣，完全不符合他曾有過的身分：既不是隨身攜刀帶械的流氓，也不是虔誠修士，不是都會的企業人士。就像他的健談也會把當年他在修道院的靜默修行顯得像是一大成就。他說話時，不管談的是少年時期的胡作非為或者在修道院的聖潔禁慾，一雙深黝淘氣的眼睛總是靈動飛舞。敞開的窗戶傳來外面世界的聲響：在鄰近庭院裡玩耍的孩童、救護車的鳴笛、兩個行人經過時的一陣笑聲。

然而，當我問起，他會不會懷念在森林深處那些年，還有他在修道院裡的靈魂，他快速地連說三次「不」。「我在那個世界吃了夠多苦，所以不會想再回去。」

「可是那時你很快樂？」

「對，」他說：「那是一段美好的生活。在修道院的日子，我很快樂，跟大家想像的正好相反。那裡真的是一個大家庭，修士之間都有真摯的感情。我在那裡時，有一個修士曾經是納粹武裝親衛隊（Waffen SS）的軍官，在柏林時，曾為了保護希特勒而失去一隻眼睛，可是我們有另一個修士是反抗軍那一方，他在諾曼地時阻擋了希特勒的坦克車。而現在，這樣的兩個人來到同一個修道院。事實上，戰爭讓不少人變成了修士，我想，面對世界的荒謬，神是他們唯一能找到的答案。對我來說，神也是當年空虛的我所能找到的答案。所以，在那樣的環境中，我們彼此分享，所有的修士都很快樂，心中充滿愛。在修道院裡沒有面具，沒有什麼要隱藏的，大家彼此相愛，過得非常好。所以，我從沒想過要離開。」

但一九九五年五月，就在帝迪爾的馬可弟兄身分進入第十年時，不可思議的事情發生了。那時，皮耶爾—季韋爾修道院印製了一些神學書籍，身為編輯的帝迪爾負責首批光碟片的製作。這在當時可謂劃時代創舉，畢竟外界總認為，修道院想必仍是個用鵝毛筆和墨水慢慢繕寫的世界，因此這套光碟片的製作成了極具吸引力的故事。法國第二電視台派了一組新聞人員來採訪，修道院則派出馬可弟兄負責接待。該新聞節目的製作人是一位女性，名叫瑪莉—皮耶．山姆提爾（Marie-Pierre Samitier），她一走進帝迪爾的辦公室，他立刻墜入愛河。

「我見到她走進來，立刻這麼想：她是我的妻子，是上帝把她送來給我的。我瞬間明白她會是我一生的愛。我對她一無所知，我只知道她開朗愉悅、神采奕奕，我被迷得神魂顛倒。」帝迪爾回想起那種突兀的感覺，忍不住微笑。「那是一種非常非常深的信念，就像當初我走進修道院時所抱持的信念一樣。重點是，人的改變不是出於理性的，而是因為我們受到感召，某些東西或某些人召喚了你。那是一種感覺，然後你才把那種感覺合理化。那就像信念，你相信某種東西後，接下來就去做你所相信的事。你不是相信你所做的，而是去做你所相信的事。」

帝迪爾停頓了一會兒，彷彿被自己的想法嚇一跳。然而，他說的很正確，非常值得我們牢記：說到「如何改變」這種事，它是信念與行動的結合，也端賴直覺與主體性的合一，這是一種既神秘又務實的過程。

對於帝迪爾這番情愫毫無所悉的瑪莉—皮耶．山姆提爾，隔天離開了修道院，但世界就此大翻轉。她並非帝迪爾進入修道院後見到的第一個女性，也不是第一次有修士墜入愛河，事實上，修道院對於修士的神召使命被貿然干擾這種事，自有一套處理方式，不過，馬可弟兄避開了這個規定。他去找修道院的院長，說他自覺不再適合修道院的生活。「我選擇離開」是帝迪爾的說法，同時他不顧反對，不顧院長請求他多待一年，看看能否再恢復心靈的平靜。

三個月後，就在帝迪爾的弟弟準備來修道院接他回到現實世界的前四天，瑪莉—皮耶．山姆提爾忽然跟他聯絡，說想去修道院找他談一談。他同意了。隔天她抵達，顯然她也對他懷有類似的情愫，因為她是來告訴他，她結束了一段失敗的婚姻，丈夫離開了她和他們的兩名幼子。聖本篤會的第一條規矩是要不帶偏見地傾聽別人說話，所以帝迪爾聽到一半，溫和地阻止她繼續往下說，並提醒瑪莉－皮耶，他沒辦法中立地聽她傾訴。「為什麼？」她問道。「因為我愛上妳了。」他如此回答。但瑪莉－皮耶沒有回應他的表白，而是說他「瘋了」才打算離開修道院。「你要去哪裡？」她問。「你根本無法適應的，外面的世界太危險了。」說完這番話後，她就匆促離開。

「我當然希望她愛我。」帝迪爾說：「但無所謂。如果神要我走另一條路，我就走另一條路。她來找我那天是星期四，到星期六，我就跟著弟弟離開了修道院。很怪的是，那天天氣好極了，森林裡一片明亮——橡樹、流水和動物。我和弟弟停下來，在樹林間野餐，我還記得當時我心想，我這一走，就離開天堂一般的地方了，卻不知該往何處去。」

——

遠古時代，人對於理想世界的看法分成兩派，一派認為人最好經常改變，另一派認為要堅守原狀；一派認為穩固的橡樹最有力量，另一派認為，隨風搖擺的蘆葦才最強，如同古希臘寓言作家伊索的描寫。

上述這段談話，發生在距離伊索的時代幾百年之後的某天深夜，地點是在雅典。根據柏拉圖這位哲學家的記載，他的兩個兄長去參加女神嬪蒂絲（Bendis）的夜間慶典，會後有個小型聚會，火炬架在馬背上輪番出現，令人興奮，還有各種餘興節目。柏拉圖這兩個哥哥都是嚴肅的人——聚會上一定會遇到這種人——他們在大家輕鬆聊著慶典的時候，上前找他們的老師蘇格拉底聊天。他們聊起正義、美、教育和邪惡的本質，他們談諸神在想些什麼、神祇為什麼會改變（改變，這就切合本書主題了）。其實說是聊天，更應該說是單方面的發表意見——這種事也常發生在聚會上——蘇格拉底主導著談話，他的兩個學生只是在他的話語當中穿插「當然」、「非常正確」或「毫無疑問」等等短句子來強調老師的話。蘇格拉底的看法跟伊索不同，他認為「處於最好狀態的事物最不可能被改變」。他說，這原則除了可以應用在家具、房子和衣服，也適用於「最勇敢和最聰明的靈魂」，這樣的靈魂「最不會迷惘，也不會受到影響而錯亂」。

然而，遠離了希臘諸神所住的奧林匹斯山和柏拉圖的理想國之後，相反的情況才更常見。事實上，在浮浮沉沉的塵世中，改變往往是出於勇氣和智慧漸長而來的結果，就像帝迪爾・隆恩的故事所隱含的事實。美國心理學家暨人文心理治療的先驅卡爾・羅哲斯（Carl Rogers），則呼應了柏拉圖的學生亞里斯多德的看法——而亞里斯多德其實修正了柏拉圖的思想——卡爾．羅哲斯在他一九六一年出版的《成為一個人》（*Becoming a Person*）書中這樣描述改變：「我相信，追求美好生活的過程並不適合懦弱的人。因為它牽涉到的是要延伸一個人的潛能，使之成長到更趨近潛能。它牽涉到存在的勇氣；它意味著要把自己完全投入生命之河。」

—

請想像那位曾經當過修士的人，在一九九五年的秋天來到巴黎，準備投入生命之河。他身上穿著十五年前的過時衣服，口袋裡只有兩千英鎊（約八萬多台幣），沒有銀行存款，沒有工作，沒有家，沒有朋友。但帝迪爾清楚感覺到一種「巨大的能量在我的內心」。三個星期後，他找到了一份工作：製作聖經和中世紀史的光碟片。他租了一間小公寓，用僅剩的錢買了IKEA的平價家具。「辦公室裡的人說我是外星人，但我是漂流到荒島的魯濱遜。」他咯咯笑著說。

有天晚上，電話響起，是瑪莉─皮耶打來的。她說，她很不好意思當初那樣離開修道院，她對著電話簿打電話給每一個姓隆恩的地方，想碰碰運氣，看接電話的人家中有沒有親戚剛好叫馬可弟兄，以前曾待在皮耶爾—季韋爾修道院。她邀請帝迪爾共進午餐，以彌補她的罪惡感。帝迪爾以一襲八〇年代早期的花襯衫來赴約，一去到餐廳坐定，就俐落地點了菜單上的所有餐點。他哈哈大笑說：「在修道院可沒法吃那麼多！」幾個月之後，瑪莉—皮耶愛上了逐漸接受當代世界的帝迪爾，發現原本因離婚而心懷怨恨的自己，在這個自稱是卓別林式人物的男子身上找到了一座洋溢著幸福和幽默的怪異小島。「我會逗她笑，而她的笑聲療癒了我倆。」

一年後，帝迪爾為瑪莉—皮耶買了房子，並搬進去同住，成了她孩子的父親，不過她很想還他這筆錢。又過一年，兩人結婚，迄今仍攜手相伴。「所謂靈魂找到了彼此，」他說：「我想，就是像我們這樣吧。」

帝迪爾的事業正起飛。他說，如果他曾在皮耶爾—季韋爾修道院學到了什麼本事，那就是學習能力變得很快速。所以，沒多久他就建立了幾個高知名度的零售網站，並因此被網羅到知名的企管顧問公司麥肯錫（也就是第四章提到的柯林．普萊斯的前東家）擔任網路顧問。然而，可以想見，帝迪爾並不是企業人。「我太激進了。」他說：「聽到有人說謊，我會氣得捶桌子。」所以，在來到巴黎之後六年，帝迪爾決定創業，建立起現在極為成功的科技顧問公司。他說他「不是生意人，而是人在商業界的修士，商人修士。」說完，自己笑得前俯後仰。

帝迪爾說過，一日為修士，終身為修士，但是像他這樣劇烈的人生轉變——就像玩紙牌時大洗牌——有個問題就是，你會變得斷裂，斷裂到會讓人發狂的程度。「所以，你必須有個中心思想。」對帝迪爾來說，他的中心思想仍然是聖經，「聖經就像一種指引手冊，一種對生活的解釋。」聖經幫助他度過懷疑時刻，比如，麥肯錫顧問公司的同事去了皮耶爾—季韋爾修道院後回來告訴他，修道院很希望馬可弟兄有一天能成為修道院的院長，當個偉大的靈性帶領者。「不管做什麼選擇，你必然會懷念你所沒選擇的那個，可是——」帝迪爾以雙手撫過桌面：「人生不在過去，也不在未來，而是在當下。在此時此地發生的一切，遠比可能發生的任何事情都更重要。」

在這個鮮明的當下，還有一個大改變在帝迪爾．隆恩的面前。他的靈魂還沒有真正蛻變成蝴蝶。

帝迪爾離開皮耶爾—季韋爾修道院後，努力要尋找一個他覺得自在的宗教儀式。他不想跟那種「拿著吉他的白癡」扯上關係，他下班後花心思在神學研究上，愈來愈關注耶穌的猶太人身分這個主題。現在，他祈禱時會使用希伯來文，朋友因此開玩笑說他已經不是正格的天主教徒了。

二〇一〇年的第一天，他的人生遭逢巨變。他在巴黎有位最要好的朋友，兩人從一九九〇年代末就共同胼手胝足打拚事業，這位摯友死於阿爾卑斯山脈的雪崩。帝迪爾開車來到萊薩爾克滑雪場（Les Arcs）認屍。鎮公所說，氣候太冷，地面被凍得太硬，無法挖掘墳墓。但帝迪爾說，他曾在修道院親手挖掘三十個墳墓，所以現在他就要替好友挖墓，如果有人能拿鋤頭來給他。挖好之後，他起身，在剛剛挖妥的墳墓之前誦讀聖詩，結果他一開口就是希伯來文。在那一刻，這位從流氓變成本篤會修士再變成商人的男子，又做了個決定：「我是猶太教徒了。」

從那天起，帝迪爾開始戴著猶太小帽「基帕」（Kippah），遵守安息日的教規，閱讀猶太教的法典《塔木德經》（*Talmud*）。到了秋天，他養成了每周六早上去街尾那所東正猶太教堂做禮拜的習慣。之後一年，他開始深入研究自己和妻子瑪莉－皮耶的族譜，發現兩人有共通的猶太祖先。她向來不是信仰虔誠的人，但現在兩人的靈魂有了共通的旅程。「要不是她先改變，我可能不會改變。」帝迪爾說：「這種感覺棒透了，彷彿潛入了美麗浩瀚的汪洋。」他的拇指撫過另一手的粗厚金戒指，戒指上刻了一圈希伯來文。

如果你想跟帝迪爾談「改變信仰」這件事，他會抗拒。雖然他的信仰歷程有明確的關鍵時刻，但他自己抗拒做出明確的定義，反而再三提到他的經驗可以說明靈魂不是一夕之間轉變，而是在生命中展開一段旅程。

「所以，從某方面來看，我不覺得我改變了生命，我覺得我只是變成自己。透過修道院，透過瑪莉─皮耶，透過發現我們都是猶太人而改變自己。在這過程中，我當然有許多改變。當我戴上猶太帽子，帶著《塔木德經》，看見我這樣子若想到我還是修士的時候，通常會覺得我不是同一個人，但我不這麼認為，我仍然是帝迪爾，也仍是馬可弟兄。靈性不是外在於我們的東西，靈性是生命，它是一種經驗，它存在於正在發生的這個世界中。是我們讓靈性發生，這世上沒有奇蹟。生命的方式有很多種，決定權操在我們手中，但是我們沒有四輩子、三輩子或兩輩子。就只有這一輩子。」帝迪爾伸出手指，撫摸桌子。「上帝用彎曲線條仍能筆直書寫，但只有這一生，從我的出生到現在。所以，有人說帝迪爾是個靈性冒險家，這句話很正確，我確實是。」

跟宗教改信有關的心理學研究，主要（但並非只有）關注的是美國清教徒的經驗，這些研究發現，這種信仰的改變有好幾種不會令人感到驚訝的模式。通常，焦點都放在類似使徒保羅的經驗：保羅是在前往如今已被戰爭蹂躪的大馬士革、要去逮捕基督徒的路上，忽然聖靈充滿，改信基督教。也有一種藍波模式的七個階段（這裡指的不是電影明星席維斯．史特龍所飾演的藍波，而是一位美國神學院的教授），這是個一步一步進行的改信過程，從經歷危機之中感受到靈性的飢渴，然後透過尋求、承諾，最後有了新的宗教認同。（譯注：七階段是指脈絡、危機、尋求、遇見、互動、承諾、結果。）隨著這本書進入到探討人是如何改變的，我們將會看到更多這類步驟模式。這些模式讀起來就像谷哥地圖的開車指示，在每一個轉彎處，我們勢必會想起帝迪爾把靈魂比喻為一段漫長且沒有劃出路線的——這點很重要——旅程。靈魂可以如蝴蝶一般自由。

我問帝迪爾．隆恩，接下來他會不會預期生命還會有大變化。他沉默良久，然後說：「這種事很難回答。誰想得到我會變成修士？誰想得到我會認識一位女子，墜入愛河？有誰，想得到我後來會變成猶太教徒？對我來說，這種問題無法回答，甚至難以想像。說不定，我未來還會有大變動，誰曉得呢。但這種事不可能事先知道。」他咧嘴一笑。從他瞳眸裡的黑點，你似乎看見一對拍擊的翅膀。

第12章　理性與認知失調

在帝迪爾・隆恩在巴黎成為猶太教徒、開啟人生新扉頁之後的五年又一星期，三個自稱隸屬於阿拉伯半島的蓋達組織的槍手，持槍掃射巴黎街頭。時事諷刺刊物《查理週刊》（*Charlie Hebdo*）的總部有十二人喪命，城市另一頭的一處十字路口有一個警察被槍殺身亡，巴黎東區文森門（Porte de Vincennes）一家猶太超市裡有四名人質在圍攻過程中死亡。而這三個槍手也死了，他們都是法國公民。

恐怖攻擊數個月後的一天，我來到帝迪爾的辦公室。我問他，既然他是猶太教徒了，對此恐攻事件會不會更感同身受。他沒有馬上回答這個非常困難的問題，卻先說這個問題很有趣。而他接下來的回答，似乎預告了另一樁在六個月後即將在巴黎街頭發生的事。

「我認為，」他說：「這些恐怖份子完全沒在考慮自己，因為他們空虛，感覺不到自己的存在，所以當突然有人告訴他們：『你終於有機會存在了，像流星一般，短暫但可以綻放光芒。宗教靈性可以給你那樣的存在感。』於是他們認為藉由從事恐怖活動就終於能存在。所以，我認為這是一種操控，壓根不是靈性。」帝迪爾停頓了一會兒，接著說：「我有可能變成恐怖份子嗎？我經常在思考這件事。我也曾經什麼都不是，我也很空虛，忽然神呼召了我，我去了修道院，但其實我也很可走進madrasa（伊斯蘭的經院或學校），最後消失在被飛機撞毀而倒塌的美國世貿中心。差別只在於，我認識的人，以正面的方式打造了我。」

——

倫敦的東北方，沃爾瑟姆斯托區（Walthamstow）的一家青年會館裡，鐵椅子疊起來的鏗啷聲、打撞球的撞擊聲，飲料機嗡嗡聲響，全都滲入了後方一間沒有窗戶的小房間裡。一抹斜光之下，一場激烈的對話正在進行。
「你認為你偏激嗎？」
「不，不算偏激，但我猜你會從我的外表看我，認為我偏激。」
「我的意思是，你曾經很偏激，不是嗎？你曾經走上那樣的路。」
「我會說不是這樣的，雖然現實上，我是。不過你聽著，很多人就是因此而誤解了。我得說我是被利用的。我的情緒受到利用，我的同情心和我的信仰都被利用了，你知道嗎？他們運用策略來操控我的感覺，讓我能為他們所用，幫他們達成目標。我不是小孩子了，偏偏笨到會去相信他們。可是這都是因為，他們祈禱得好虔誠。我笨到相信那些人都是信仰虔誠的好人，不會說謊，所以我說我很天真。還有就是，成員之間的兄弟愛，這是伊斯蘭固有的特質，所以，我才走上那樣的路，對那些無辜被殺的人做了那些事。我感覺自己在其中要扮演一個角色，確實如此。但情況不是你想得那樣。」
「如果時機到了，你準備好起身對抗嗎？」
「我準備好了，我想，最後結局就是那樣。我不知道上天對我有什麼計畫，但說真的，我嚇壞了。現在回頭看，它確實改變了我，讓我不知道我是誰。坦白說，那時我真的失去了自我認同。」

這時，坐在一張粗劣辦公椅上的漢尼夫．奎迪爾（Hanif Qadir）深深嘆了一口氣，他龐大的身軀往前往後搖動了一會兒。響起敲門聲，一個身穿運動服，頭戴「塔基亞」（taqiyah，伊斯蘭文化中男人戴的小圓帽）的年輕人探頭進來，手上抱著一疊椅子。

「漢，我可以把椅子放在這裡嗎？」

「好，沒問題，老弟。」漢尼夫說，原本神情灰白的面龐咧出了微笑。

——

漢尼夫．奎迪爾成長在英格蘭東北部的提賽德（Teesside），家裡五個孩子，當中有三個是感情好到形影不離的男孩。他的父親在一九五〇年代從巴基斯坦管轄的喀什米爾（Kashmir）來到英國，但漢尼夫完全不記得他們曾經覺得自己是外來移民。他們住在一條只有十五戶人家的小街上，他就在那裡度過快樂無憂的童年時光。住隔壁的是康妮阿姨和狄克叔叔，他們在漢尼夫七歲那年父親過世後，就像真的有血緣的阿姨和叔叔一樣照顧漢尼夫一家人。住對面的是布雷瑟韋特太太，她總有辦法在復活節時把附近所有的小孩擠進她的廚房畫彩蛋。漢尼夫記得有個聖誕節去教堂幫忙敲鐘，而若遇到奎迪爾家的宗教節慶，左鄰右舍也會一起來慶祝。冬天時，狄克叔叔總會來幫忙剷除漢尼夫家門前路上的雪，漢尼夫和兄弟們長大後也替整條街上的人家鏟雪。「那是一段美好的童年時光，」他說：「大家關係密切，感情非常好。」

一九七九年，漢尼夫十四歲那年，全家搬到倫敦的沃爾瑟姆斯托區。漢尼夫沒有升學，而是跟著哥哥做工。一開始他們在哈克尼區的鞋子工廠，後來當小巴士的司機，這時小弟也跟著加入。「從那時起，」漢尼夫說：「我們不管做什麼事都在一起，我們三兄弟像連體嬰，到哪裡都形影不離。」後來，他們在市場攤位旁邊開了一間修理女鞋的店鋪，逐漸發展為做牛仔褲的工廠，最後他們又做起廢車零件的生意。

一九九〇年代末，奎迪爾家的三兄弟在沃爾瑟姆斯托區已經經營著一間規模頗大的修車庫和汽車維修中心。他們很自豪，覺得自己在穆斯林社區中算是發展得很不錯了，慢慢地，他們成為鄰里間的重量級人物，大家都知道「我們三兄弟很團結，」漢尼夫說：「而且，我們會不辭辛勞去幫助有困難的人，有時遇到一些情況難免害怕，但我們就是這麼樂善好施，任何人有需要，我們都會伸出援手。」

漢尼夫說他向來是三兄弟當中脾氣最像「鞭炮」的那個人。一九七九年，他曾走到街的對面，當街痛扁一個用種族歧視的話語嘲笑他的人——那是漢尼夫第一次聽到有人說出這種話。多年之後，三兄弟中最有可能捲入「鳥事」的人仍然是他。他拿出一張照片，照片中是他和兩兄弟有一天去射擊練習場時拍攝的，三人拿著槍，咧著笑，漢尼夫的一雙黑眼睛猶如鬼魅。

然而，九一一恐怖攻擊發生之後，世界——他們的世界——變了。漢尼夫回想起當他聽到這件事，他心想：「要命，肯定天下大亂了。」

果然天下大亂。

「我本來覺得這不關我的事，」他說：「但我想大家會開始用不一樣的眼光看待我們穆斯林了，或者這可能是我自己想的，因為我自己先有這種觀點了，開始用不同的眼光去看待別人。總之，這件事改變了我想事情的方式。」

漢尼夫開始在網路上大量搜尋跟阿富汗及車臣共和國有關的新聞，然後他開始認定這不是一場對抗恐怖主義的戰爭，而是一場對抗伊斯蘭世界的戰爭。他會整晚跟兄弟花很長時間嚴肅地討論這些事。這些深夜的辯論，以及對於某位太太在付修車費時是否斜眼看了他那典型穆斯林鬍子這種事的疑慮，很快地就如滾雪球般變成更嚴重的事態。這種改變是怎麼來的呢？就像是曾經當修士的帝迪爾．隆恩所說的那番話了，他說，你在人生某個時候所遇到的某個人，會對你產生非常大的影響力。而漢尼夫自己的一段話也令人擔憂，他說轉變「是非常容易的，就只是事情一件接一件發生之後與環境一同演變出來的結果，等到你察覺的時候，它已經是怪獸了。」

奎迪爾兄弟近幾年的經濟條件優渥之後，變得更加樂善好施，因此遠近馳名，幾乎每天都有人上門來募款，請他們幫助世界各地被戰爭和饑饉摧殘的區域。他們會這裡捐個十英鎊，那裡捐個十五英鎊；捐錢讓他們覺得自己正在為全球的可憐人盡一份心力。二〇〇二年初某一天，修車廠的一位老客人帶了一個名叫夏巴茲的人上門來找，就從這天開始，夏巴茲對他們進行了漢尼夫要到很久以後才看出來的長期詐騙。夏巴茲一開始先是設法博取他們的信任感，以便時機成熟時展開行動，而這種手法在現在的漢尼夫看來，頂多比紐約康尼島遊樂園裡的老式戲法高明一些罷了。

漢尼夫聽說夏巴茲是個來自阿富汗的穆斯林弟兄，是個talib talba，也就是對真神阿拉很虔敬的學者，會四處奔波募款來幫助家鄉的孤兒寡婦。他有一隻義肢，這更增加了他的可信度。他還展示給漢尼夫看他隨身攜帶的一本小冊子，冊子上記載了阿富汗的情況有多悲慘。「你可以做任何事來支持我們。」夏巴茲說：「就算只是替我們祈禱都好。」漢尼夫聽了，立刻把他手邊的現金捐出去，還說他想做更多。那天晚上，他打了電話給兄弟和幾個朋友，開始募款。很快就募了幾千英鎊，他的妻子甚至決定賣掉珠寶來贊助，而且大家還爭相比較誰募到的錢最多。

許多天之後，夏巴茲回來了，帶了兩個虔誠的人來，一個阿爾及利亞人，一個敘利亞人。從他們口中，漢尼夫聽到更細膩的九一一事件陰謀論。「我們相信這些人不會說謊，我的意思是，我並不是個虔信仰誠的人，而這些人是，所以他們說的一定是真話。但現在回頭來看，一切都是安排好的計畫。」漢尼夫把兩隻手掌在牛仔褲管上摩擦，低頭看著腳上那雙跟牛仔褲極不協調的閃亮黑皮鞋。過了很長一段時間後，夏巴茲坦承他的兄弟隸屬於歐美視為恐怖份子的塔利班組織，此後，他們的聚會變得更隱密，氣氛也更緊張。聚會時每個人都要交出手機，拿出裡面的電池，聚會的地點也從修車廠改到芬斯伯里公園（Finsbury Park），甚至經常聚會到一半就變換地點。

這些怪異行徑絲毫沒讓漢尼夫昇起戒心，他反而更捲入幻象之中。這種感覺讓人亢奮，彷彿這是真實有意義的工作。他繼續堅信他們完全沒有提到暴力，所以這些募款不是為了暴力行動，全是為了受欺壓的小老百姓所做的義舉。

「他們的方式非常細膩，讓你完全自願參與。很聰明的作法，而且，他們會引用經典的章節來說明你身為穆斯林的角色，然後，留給你自己去詮釋。因此，你會認為，是真神選擇了你來做這件事。可是我不懂，你知道嗎？我從沒想過我是在做非法的事。我百分之百天真地以為我在做善事，真的毫無防備之心。」漢尼夫搖搖頭，彷彿說的是別人的蠢事。

二〇〇二年夏末，漢尼夫說服自己，只有他能把他們募到的錢帶到阿富汗，在那裡進行進一步的物資救援工作。「我就是想去那裡。」他聳了聳肩說。於是他把這提議告訴芬斯伯里公園的聯絡人，等著他們的決議。

根據漢尼夫的描述，那場把他和他一位朋友送上阿富汗神聖之旅的會議過程，至少可以描述成非常超現實。總之，剛從阿富汗回來的夏巴茲說，他的兄弟「被美國人害死而當烈士了」，而他帶來了好消息。這時，他拿出一塊布，「像手帕」，漢尼夫說，手帕上面以墨水寫著「信仰者之領袖」，是特別要贈送給他的私人感謝，上面還有看起來像官方的印信。

「我那時的感覺就像，哇，感謝真神，我竟值得擁有這樣的東西。」漢尼夫這時口氣冷冷地說。「然後我說，『我可以看看嗎？』其實我看不懂，因為那是用阿拉伯文寫的，但其他東西不重要，我只是想知道我的名字在哪裡。我的名字果然在上面，於是我說：『這可以給我嗎？』，對方說：『可以給你，你就拿去找人翻譯，但看完後要立刻銷毀，不然它可能給你帶來麻煩』。然後，我們坐在汽車後座，我和夥伴驅車離開芬斯伯里公園，一路上我們兩眼緊盯著那塊布看。我的夥伴感動得淚水盈眶，我也是，因為我們都是被揀選的人。我覺得自己備受真神阿拉的祝福。回到沃爾瑟姆斯托是半夜一點了，我們去找一個在學習阿拉伯語的朋友，他讀了手帕上的文字之後，說：『要命，這可是很嚴重的事，你的名字在上面，這是阿富汗高層所寫的。』我說：『是賓拉登嗎？』他說：『不是，是穆罕默德·歐瑪（Mulla Omar）』，他還說『你最好趕緊丟掉這東西』。」漢尼夫說到這裡，停頓下來，轉了轉腕上的手錶。「燒掉它實在很可惜，我很想把它留下來當紀念，但我們還是燒毀它。隔天，我就去旅行社，說：『幫我訂一張機票，到巴基斯坦。』」

漢尼夫寫下遺囑，不到一個星期時間就搭上飛機，前往巴基斯坦首都伊斯蘭馬巴德。

———

漢尼夫說他在六、七個月內「變成一個截然不同的人。」那真是「個性上的大轉變」，他說。他變得不信任家人，充滿憤怒和恨意，而且變得很脆弱，容易情緒化，對信仰抱持著天真的信念（這樣比喻雖不恰當，但這情景真讓人想起第一章那個由提琴家變成警察的艾德．考克森）。此外，他變得渴望能擁有某種生命意義，不要像以前只是希望修車廠能賺錢。他也提到，他不只一次「假裝成某種人，但我不是那樣的人」。雖然出發點不同，但可以想見這種假裝會導致某種蛻變，正如美國黑色幽默作家馮內果（Kurt Vonnegut）的睿智名言：「我們會成為我們所假裝的樣子，所以對於你所假裝的模樣必須很小心。」

在漢尼夫的敘述裡，有一種奇怪的被動感覺，他放棄了主體性，雖然說他的性格在很多方面看來仍然很有活力。比如，他提到「被擠壓到一種你並不屬於的狀態中」，被「操控」、被「利用」。他還問：「我怎麼會被吸入那種狀態中？」他提到這段經驗時的措辭是「那些發生在我身上的事」，他做出的一連串錯誤決定本身，似乎被掩沒（或者起碼消融）於他回憶當初怎會或者為何會做出這種決定的回想中，至於為什麼會做出這些決定，答案或許如他所言，是因為他那時「處在出神恍惚的狀態中」。因此，像他這種情況下的蝴蝶，不是從蝶蛹中掙扎蠕動著要破繭而出的美麗飛翔物，而是置身於混沌理論中的蝴蝶，由於在遙遠的雨林拍動脆弱的翅膀就不經意導致了地球另一端的龍捲風。或許，做出了難以自圓其說的決定之後，你很自然多多少少會加以否認，就像第二章提到的雷・畢夏普所說出的典型救贖話語。

當代許多熱切追求激進觀念的人，或是，反過來，熱烈提出反激進觀念、以此方式來尋找靈魂的人，其實在概念上都是被動的。這種情況令人害怕。一想到有人會被邪惡力量洗腦，導致整個人徹底改變這種事，我們當然覺得很不舒服，而更讓人不舒服的是，原本是順從聽話、為了考試而讀書，叫他們洗碗就會去洗的兒子和女兒，竟然出於自己的主動性選擇了一條為社會所唾棄的路。漢尼夫的故事，幸好後來有了黑色喜劇般的轉折——他信誓旦旦地說他從未造成任何暴力——這可以提供另一種截然不同而更加微妙的圖像。「自由意志」的範圍是幽暗不明的，而且事實上它是一種多方爭議的東西。或許，在思考人的這種敗壞性的改變以及迷途知返的過程時，比較實際的思考方式不是只聚焦在個人意志本身，而是我們的理性在特定的壓力下會變得多麼靠不住。漢尼夫的例子，讓所有人都可以從中學習，不只是那些考慮參與聖戰或擺脫聖戰的人。

對於謬誤思考的論點有很多種，若是從改變的角度來看，或許其中最有影響力也最有趣的是一種稱為認知失調（cognitive dissonance）的現象。提出認知失調理論的人，是社會心理學家利昂・費斯汀格（Leon Festinger），一九五九年他在加州史丹福大學做過一項實驗，這是二十世紀一項傑出的心理學實驗。

這實驗要求學生執行一項非常無聊的任務：把箱子裡的木塊翻面，持續進行一小時。接著，他們會得到不同數目的錢，但都必須說謊，告訴第三者這項任務是多麼有趣。最後結果發現：拿到一元的人，比拿到二十元的人更容易相信這個其實無聊透頂的任務非常有趣，特別是在聽到研究人員告訴他們說別人也這麼認為時。而他們也比較容易改變心意，特別容易受到團體的影響，而不會去認知到，一個誠實的人不應該為了區區一塊錢而撒謊。

這個研究的目的，是為了證明利昂．費斯汀格在這之前幾年所發表的一個假設。費斯汀格想了解當我們同時秉持兩種矛盾的信念、觀點或價值觀，產生了極端的心理不適，或者相信的是一套而做的是另一套時，會怎麼解決。費斯汀格在這領域的同儕都把焦點放在行為和制約，但費斯汀格的研究重點則是：我們不只是有行為，我們還會思考，而且我們不一定永遠理性，但我們永遠在合理化我們的行為。

他的研究結論是：認知失調造成的心理不適感很強烈，因此我們的思考過程會設法盡快消除或降低這種不適感。降低不適感的過程有許多種形式，而其中的許多形式都會編造正當藉口來合理化。此外，我們會出現費斯汀格所說的「驅力狀態」，也就是把那些跟我們的信念相矛盾的訊息阻隔在外，只尋求符合我們信念的訊息。

這種模式適用於人類生活的諸多合理化藉口，從為什麼我仍然要抽菸（即使我在乎健康），到為什麼我背叛老婆（即使我認為我是個誠實愛家的男人），從我嘴巴說我不是真正想找工作（但其實花了好幾個月準備履歷），到為何會參加有暴力傾向的聖戰運動（即使我是個愛好和平的穆斯林）。

花點時間想想你自己的生活，你一定可以發現自己曾用靠不住的想法來解決認知失調的狀況。或許，這就是為什麼利昂・費斯汀格的理論多年來如此受到重視。這種認知機制適用於所有信念和行動，無論是微不足道的小事或嚴肅的題目，比如減肥期間受到甜甜圈的誘惑，或者跑去阿富汗，甚至和塔利班政權站在一起。

費斯汀格和許多關注認知失調各層面的研究人員，所探索的課題主要是我們為了追求認知的一致、卻如何造成了我們自我欺騙。事實上，在各種改變的背後，無論是正面或負面的改變，都有認知失調（及我們對認知失調的回應）在作用著，而這正是我們之所以明知應該改變心態卻拒絕改變的主因，但有時也是我們能真正改變的主因。

二〇〇二年，漢尼夫．奎迪爾抵達巴基斯坦後不久，就經歷了嚴重的認知失調。而他的解決方式不是使用錯誤的合理化藉口，而是徹底改變他的心。

漢尼夫在十二月五日抵達伊斯蘭馬巴德，他遵照指示，穿過了大半城市去到某個公園，然後依照別人給他的號碼打了一通電話。電話那頭的人要他留在原地，耐心等候。隔天，他又依照指示打了電話，這次他被要求前去鄰近阿富汗的城市白沙瓦（Peshawar），在一處清真寺等候。漢尼夫問，他要怎麼知道誰會來跟他碰面呢，對方說，他們會主動找到他，問他幾個問題，而他要遵照指示回答。於是，他依約去了白沙瓦，跟那些人見了面——「他們看起來不願說真話」——然後一行人搭計程車去開伯爾地區（Khyber）的一個小鎮，那裡離開伯爾隘口只有幾公里。接著，到了藍迪柯達爾鎮（Landi Kotal）一條塵沙飛揚的街道上，他們下了計程車，改搭小貨卡，繼續前行。

漢尼夫渾然不知他們正往阿富汗前進，直到一個司機說他們剛剛經過邊境城市，托克汗姆（Torkham）。位於邊境以北的這個區域，有好幾個蓋達組織的訓練營地，漢尼夫只知道自己正往西北方，車程一小時的卻賈茲（Chelgazi）的營地駛去。途中，小貨卡在檢查哨停了下來，那裡還有另一輛車等著——就在那一刻，漢尼夫的生命改變了方向，因為直覺和個體主體性碰上了，撰寫了他生命的下一章。

兩輛車的人下車交談。另一輛車出來了一個年約十一、十二歲的男孩，他走到漢尼夫所在的車、敞開的車窗旁。他流著血，神情憂慮，說著一口結結巴巴的烏都語（Urdu）。漢尼夫問他怎麼了，但對方的混亂答話讓他半晌才聽明白：「你要去哪裡？你不要跟他們去，那些人是壞人。我來自——」男孩說他來自巴基斯坦邊境的一個村莊，「我們本來要去幫助穆斯林弟兄，結果他們把我們當動物對待，把我們當狗。不要跟他們走。這些不是好人，他們是壞人。」

漢尼夫假裝下車伸伸腿，藉故問那些人，那男孩怎麼了。他們其中一個以「一時興起」的態度——漢尼夫這麼說——用槍托撞了男孩的肩膀。這位奎迪爾家的男人一看，火氣上來了。

「我說：『你幹麼這樣？他只是個孩子，放過他吧。』那人不理會我，只說：『來，上車』。我說：『不要。這裡到底是怎麼回事？真的像他說的那樣嗎？』他們原本沒把我和孩子當一回事，但這會兒有人抓起那孩子，開始對他拳打腳踢，我喊著說：『喂！

喂！這是幹麼？』」漢尼夫說到這裡，坐挺身子，彷彿重新經歷那個情景。「我把打孩子的那個人推開，這時原本陪著我的人開始對我咆哮，還用槍撞地，試圖恫嚇我。我開始以旁遮普語（Punjabi）咒罵，所以那場面有點對峙，衝突一觸即發。我心想，他只是個孩子，天氣冷得要命，他穿著拖鞋，哭得那麼大聲。沒錯那個環境是不利的，但我真的沒想到我想幫助的人會這樣對待一個孩子。所以，我就說：『夠了，我不跟你們走了。』」

漢尼夫拿著一把錢，對另一輛車的司機揮舞，硬說只有他和男孩可以上車。就這樣，他們搭上車，回到藍迪柯達爾鎮。從那裡搭巴士前往白沙瓦，漢尼夫在白沙瓦幫男孩打理了一番後，給了他一些食物和錢，讓他搭巴士回家鄉。

現在，進退兩難的漢尼夫相信自己只是跟錯了人，所以打電話給他在巴基斯坦的聯絡人。沒有回音。他也打了電話給人在倫敦的兄弟，要他們去找夏巴茲和其他人，同樣沒回音。漢尼夫茫然又憤怒，搭上計程車前往伊斯蘭馬巴德——他撥出去的電話仍沒回音——十二小時內他搭上返回倫敦的飛機。下機後，他立刻驅車前往芬斯伯里公園，但那裡完全沒有相關者的足跡。他們就像鬼魂，消失得無影無形。等了好幾天的電話，開著自己的車，坐在各個清真寺外面等，就是沒見到或聽到他們任何人的消息。漢尼夫跟那群人的往來，就這麼結束得不留痕跡。

「我常想起那個孩子，」漢尼夫說完沉默了一會兒。「是他救了我。我想，是神透過他來介入這件事。我開始質疑我忙得團團轉的那十個月是怎麼回事，那些熱情是怎麼回事，我一心一意相信那些朋友，相信他們是為了慈善在奔走。那種感覺就是憤怒、憤怒、憤怒、憤怒。」漢尼夫往自己膝蓋用力捶了一拳。「我拋下妻兒，準備在必要時挺身奮戰，甚至拋頭顱灑熱血也在所不惜。結果呢？下場是什麼？當下，我立刻改變心意。我在將近一年的時間裡經歷了兩種截然不同的歷程，一種是變成另一個截然不同的人，另一種歷程則是徹底明白我被帶上的路程並不像外表看起來那樣慈善，偏偏我無法一眼看穿。所幸，到最後，我終於覺醒。」

漢尼夫說，他會想起那段經驗的每一天，以及最後是多麼千鈞一髮。他認為，他到最後一定會恍然大悟，只是萬一他是到了那些人的訓練營地才覺悟，他就更難脫身，也會面臨更大危險。那時還有沒發生二〇〇五年七月七日造成五十六人死亡的倫敦連環爆炸，世人也還不知道會有這種在自家城市土生土長的恐怖主義，所以，漢尼夫能安然度過二〇〇三年，回到他在倫敦的原有日子，事後沒有安全情報單位的人上門，也毋須對家人以外的其他人解釋他前往巴基斯坦的過程。但他說，從那次事件後，他就沒能恢復正常生活了，因為那場改變的經驗，以及返回原有生活的歷程，已經讓他變成截然不同的人，對於同胞之間的兄弟情誼有了截然不同的想法。

二〇〇三年，漢尼夫和兄弟們在沃爾瑟姆斯托區的里爾橋路（Lea Bridge Road）開了一間健身房暨社區青年會館，他們以此為基地，多年後成立了「積極改變基金會」。一開始，他們希望能提供鄰近的少年一個休閒場所，讓他們免於受到毒品和幫派的誘惑。這個會館裡有工作坊、運動活動、以及各種對外的方案計畫。透過這些工作，他們才了解沃爾瑟姆斯托區的穆斯林年輕人的激進傾向有逐漸升高之勢。於是，漢尼夫開始以不經意的方式去接觸一些看起來很像正步入他後塵的年輕人。他和兄弟也跟地方議會講他們的擔憂，但當時沒人在乎，直到二〇〇五年七月七日倫敦發生恐怖攻擊，而且發動者是土生土長的倫敦人。

從此之後，這個「積極改變基金會」開始收到英國內政部（British Home Office）的補助。隔年，英國破獲了惡名昭彰的液體炸彈陰謀。這個密謀以液體過氧化氫炸彈炸毀七架橫越大西洋飛機的蓋達組織，就位於漢尼夫的青年會館附近、同一條路上的不遠處。從此之後，漢尼夫發現自己再也不可能只當個有名無實的領袖，他必須大力倡導宗教的去除激進化，即便這在他自己的社區會引來諸多爭議和猜疑。

「因為我被謊言出賣過，」他說。他比幾個鐘頭前剛開始採訪時的樣子顯得平靜許多，但也更嚴肅一些，彷彿他在這個世界的新角色遠比任何角色都更適合他。「我看見其他年輕男女每天都遇到和我一樣的事情，我很生氣那些召募者竟然創造出一個個會走路、會說話，能接受指示的人肉行動炸彈。而今天促使我做這些事的動力，正源於我曾經歷過的那些事。我知道我很可能做出什麼事，很可能走上什麼樣的路。阻止別人走上跟我一樣的路，會讓我心裡好過一些，而且我們也確實阻止了年輕人誤入歧途。我強烈相信，人是可以改變的，而且我想，我知道自己在說什麼。那感覺彷彿救了某人的一條命，這樣我才敢稍微喘口氣。做這些事，可以幫助我克服縈繞在我心頭的鬼魂，讓我變成今天的我。」

——

幾個星期後，漢尼夫接受了英國廣播公司（BBC）廣播第四頻道的「今日」（Today）節目邀請，去上早餐訪談，他提到了曾公開處決多名人質的聖戰士約翰，在二〇一五年三月拿下面罩，大家才發現原來他是英國籍，本名穆罕默德．埃姆瓦齊（Mohammed

Emwazi）——聽到這裡，你會忍不住想，這個也是穆斯林移民的埃姆瓦齊，一開始也和一群孩子擠在布雷瑟韋特太太家的廚房畫復活節彩蛋，到哈克尼區的鞋子工廠縫鞋子，最後跟著塔利班政權的人去了阿富汗。這是一種改變，真正的改變，而他的這種改變，證明了認知失調不必然只是造成一連串的欺騙和迷惘。

第13章　每天做到一點點

說到復活節彩蛋，有些比較軟弱的人或許就因此想到了巧克力製成的復活節彩蛋。然後，一想到巧克力，情況開始失控，腦子裡冒出一個又一個的季節性甜點，一發不可收拾。沒多久，為了找一找有沒有那些小東西，就離開了書桌或辦公桌，請別人稍待一下。

說到對東西的渴望，就要提一個很重要的觀點：改變不一定總是跟我們所相信的事物有關，像第十一章由流氓變修士再變成商人的帝迪爾．隆恩；改變也不是都跟我們所做的事有關，如第一章的由提琴家變成警察的艾德．考克森；改變，未必都與我們的身分認同有關，如第六章的艾琳娜．西蒙。有時，改變只是跟我們想要的、渴望擁有的東西有關，以這個例子來說，就是一塊巧克力。

對多數人來說，那些很久以來一直想做但一直沒能做到的改變，都不算多麼了不得的改變，比如我們可能想要更常運動、戒菸、減個五或十公斤，但就是不明白為什麼這些事情怎樣就是做不到。大家可能會以為，大幅度的轉變比小小的改變需要更多努力和資源，比如壓抑午後來片巧克力的欲望，會比變身成一個修士來得更容易。然而，從真實經驗來看並非如此。對某些食物的渴望和非吃不可的衝動，其實是很微小的事，但我們的內在就是會對它燃起某種奇怪的狂熱。雖然下午四點鐘來一包巧克力會讓人懊悔，但這種失敗太小了，往往讓人覺得不去改變也沒關係。如同我們在前一章學到的，這類認知失調很容易透過一、兩種扭曲的合理化藉口來消解，所以那塊多吃的巧克力棒、派對上抽起的那根菸，或者少去了一次健身房，其實都不算數。

然而，若是長年抽菸、持續不運動，或者長期飲食不當，這些當然就不是小事了。最糟糕的情況是，這些有可能成為致命因素；好一點的情況裡，它們也是生活的危險因子，會對健康產生整體的危害。這或許是比其他多數理由更有說服力讓人追求改變，而且不管是個人層次或群體層次都適用。在思索如何做改變時，在個人層次和社會整體層次上面臨的挑戰和壓力程度都日漸增加，其程度不宜被低估。雖然這些渴望都是瞬間的，卻攸關到我們長遠的健康福祉。

——

高瘦精實的保羅．艾維亞博士（Dr. Paul Aveyard）很在乎這些事——這位哈佛大學行為醫學科系的教授，也是位兼職的家庭醫生，他對健康這議題的關注極為強烈，畢生致力於鼓勵社會大眾設法改變一些看似微不足道卻足以救命的行為。身為戒菸和體重控制的權威人士，他的使命就跟漢尼夫．奎迪爾一樣是在幫助別人改變。然而，跟漢尼夫不同的是，艾維亞博士的焦點並不放在個別狀態，而是關注行為改變對於整體社會所造成的影響。

此外，還有一點不同的是，這位教授之所以有這種動機，不是因為他有過切身之痛，因此才要以過來人的身分幫助大家。訪談時，他提到的第一件事，就是大家經常問他，他是否以前抽菸抽很兇，是否自己有前車之鑑才使得他抱持今天這樣的使命。「其實我從沒抽過菸。」他忽然冒出這句話。「我是軍人子弟，從沒機會遇到有人遞菸，所以我從沒想過要抽菸。」他的辦公室位於紐菲爾德基層醫療科學系（Nuffield Department of Primary Care Health Sciences），有個小廚房，他就在廚房裡煮咖啡。他似乎有點不情願似的遞了一個錫蓋還沒打開的鐵盒餅乾給我。「我不會每天吃這東西。」他這麼說了，我好像應該婉拒才對。他拿了兩個馬克杯回到辦公室，室外射入的強烈陽光映照著縷縷升騰的咖啡熱氣。他開始詳述心中那股想要幫助別人改變的熱血是怎麼一回事。

「我知道這種話聽起來很老套，但我是真的一直想要幫助別人。」他在辦公桌前坐得挺直。「剛出社會時，我只是個菜鳥醫生，成天收留同一批人住院，治療照顧他們，送他們出院，但沒多久他們又會回來。其中許多人酗酒問題嚴重，罹患了跟抽菸相關的疾病，而且多數人都來自窮困的環境。所以，我的主要想法是，我們應該要做得更好才是。現在的制度下，人人都可以獲得幫助，可是長久下來這種方式對這些人並沒有多大的幫助。」

後來，他在公共健康和基層醫療的公衛應用領域取得地位。過去十年的大部分時間，他投注心力於戒菸研究，從藥物戒菸治療到降低學生的抽菸率。對保羅．艾維亞來說，最關鍵的問題不在於有效的改變為何會發生、或者是否會發生，而是改變如何發生。

一

在許多試圖解釋健康行為如何改變的模式之中，最有名的一種應該是一九七〇年代美國心理學家在羅德島大學（University of Rhode Island）「癌症預防研究中心」（Cancer Prevention Research Center）所發展出來的那一套。詹姆士・普羅契卡（James Prochaska）一開始提出「跨理論模式」（Transtheoretical Model）時——這模式更為人所知的名稱是「改變階段論」（The Stages of Change）——被譽為革命性的創舉。這套模式主要是針對戒菸過程，但據稱也適用於各種改變過程。它可以用五幕獨腳戲來做比喻。

第一幕是「沉思之前」，這時主角幾乎沒有想到要改變，起碼在未來的六個月內不作此打算。第二幕一開始，主角開始「沉思」，想要在六個月內改變。第三幕是「準備」，在改變的意圖之上加入各種實際的想法，包括如何改變和何時改變（通常是在接下來的一個月內）。最戲劇化的發展是在第四幕「行動」，主角終於全心投入於改變，不再抽菸，並因此變得食慾大增，吃得更多，或者開始出現其他不想要有的行為。這很值得高興，但還沒到上台獻花的階段，因為還有第五幕，「維持」。在第五也是最後一個階段中，改變仍然需要關注和努力，不過已經沒有前一幕那種全心投入但可能中斷的危險情況了。這時，或許你還不會想像到在百老匯排隊等著進場，但其實，我們已經在看戲了。

根據普羅契卡的模式，這些「改變階段」伴隨著十個，對，只有十個，「改變過程」。把這十個過程想成演員的筆記，筆記上的內容從提高意識到自我再評價，從刺激控制到用來增強改變的獎勵。如果是那些戒掉壞習慣後又故態復萌的麻煩人物，他們大可退回前一個階段，重新開始。

聽起來很棒吧，事實上未免太棒了（豈不是跟按部就班改變宗教信仰的階段一樣）。有一群人對於這樣的模式發出集體喟嘆聲——聲音依稀可聞——慶幸這麼久了終於有人提出藍圖說明行為是如何改變的；比如後來根據「跨理論模式」所進行的數千個實驗和療法。然而，另有一群人喃喃不滿，甚至異議咆哮。

其中一個批評聲音來自大名鼎鼎的心理學家亞伯特．班度拉——誠如你所記得的，他是「自我效能」理論之父——而他的若干想法也被「跨理論模式」吸收進去。班度拉倒是沒喊出他常講的「狗屎」二字，但他對該模式的評價，用語也跟狗屎相去不遠。他有篇文章登在《美國健康促進期刊》（American Journal of Health Promotion）上，以精簡幾句話重砲抨擊該模式。他寫道：「階段理論會讓人陷入問題荊棘叢中，因為人類的功能運作有太多面向，被太多因素所決定，就是不能被歸類成幾種不連續的階段。」他認為普羅契卡所說的階段根本不是真正的階段，而是「任意……設計出來的偽階段」，在這種偽階段模式中，很可能只是因為時間到了，一個階段自然就會往下階段進行。班度拉還認為，假如改變失敗就退回前面階段再開始，這種概念根本「違反」了為何要區辨不同階段的意義。他言簡意賅指出：「蝴蝶一開始一定是蛹，蝴蝶不可能退回蛹的狀態。」他認為，階段只有在被視為一種思考方式時，階段的概念才有用；如果不這樣做，階段的概念最後只會阻撓改變，而不是促成改變。這番話可說把詹姆士．普羅契卡打得灰頭土臉喊「痛」。

—

當班度拉的文章在美國發表時，保羅．艾維亞在英國，根據「跨理論模式」進行一項頗受注目的醫療實驗：透過電腦化治療來幫助抽菸者戒菸。這項研究結果出爐後，提出「跨理論模式」的普羅契卡或許又要再次喊「痛」了。

「我們的證據很簡單，」保羅說：「這套模式行不通，抽菸的人不會去想到六個月或一個月這樣的階段概念，除非有非常特別的刺激，比如『新年新希望，我決定要戒菸』。一般人不會用那種方式來過日子，所以這種階段論的概念非常不可靠。」他拉直辦公桌上的鍵盤，繼續說：「這套理論的命題本身就非常不精確。」

艾維亞教授聳了聳肩，彷彿對他這樣的研究者來說，花了三年所研究的東西到頭來發現行不通，這是稀鬆平常的事。這對於稱職的科學家來說確實如此。然而，他對這類研究的熱情並沒有因此消失，他仍然相信改變這種事情是有意義的，無論真實生活中的改變有多常悖離完美的理論模型，無論在實際和直覺層次上它有多麼神秘。

「原則上我認為所有人都可以改變。去找抽菸的人聊一聊，他們若回顧過往的戒菸經驗，大概會說：『喔，我試過好幾次，但不知怎地，腦袋一開始就是不配合，但後來就可以了。』但他們未必可以清楚說出為何如此。我是這樣看的——」保羅停頓下來，轉動馬克杯裡的咖啡渣，彷彿咖啡渣可以給他答案：「就是以某種方式做到了。各種因素結合起來，加上運氣。總之，可能是因為方法比較好，或者他們學到了一些事情，要不就是外在環境的支持力比較足夠。況且，嘗試了很多次之後自然比較有機會成功。」

這就把話題帶回到巧克力蛋和調整胃口，也就是改變我們想要的東西，這個棘手的問題上。二〇〇九年，保羅．艾維亞在半機緣的情況下，把研究重心轉移，從戒菸這種群眾研究改到日益增加的肥胖人口這個「相當空蕩的研究領域」。抽菸的危害是眾所周知的事，但現在出現了新的鬼怪——肥胖。一九八〇年，英國成年人當中的肥胖人口是七%，到了二〇〇三年，數字暴增為二十二%，二〇一五年是二十五%，依照這種趨勢來看，接下來五十年會增加一倍。保羅發現，目前協助戒菸的體系已經相當完善，即便仍有改善的空間，但對於肥胖卻「連一套看起來有系統的東西都沒有」，所以他決定投入心力去改變這種現象。

這位好醫生把他在戒菸領域所學習到的東西應用到減肥，幫助人們改變跟食物有關的行為。他認為，現代生活就像一種耽溺於某些東西的反烏托邦狀態（打扮體面成為了自由和成功的象徵），使得我們總是以一些不好但誘人的東西來款待自己。對很多人來說，這種傾向造成我們跟食物之間的關係變得難以控制。而保羅．艾維亞對此採取強硬立場，他認為跟香菸有關的很多限制應該應用在食物上，比如廣告、課稅和包裝上的警語，因為食物已經讓他的家鄉變成歐洲的肥胖王國。然而，他對於垃圾食物會讓人上癮這種常有的說法卻不以為然。

「若仔細思考它的意義，會發現並非如此。」他說：「你只能說，給不同的人看各種不同的食物圖片，都可以點亮他們（腦部）的獎勵中心，讓食物變成一種獎勵。」

「比如巧克力閃電泡芙。」我脫口而出。

「對。不過，以我個人來說，巧克力閃電泡芙並不會點亮我的獎勵中心。」保羅面無表情地說。「我對那個沒興趣。但高脂肪和高糖分的食物確實經常被拿來當成獎勵使用。」

最讓人稱奇的一點或許是，儘管根據統計有九十五%的肥胖者想要減重，但保羅說，其中許多人想減重的動力卻不夠。這是個大問題。他們對自己的體重還沒有不開心到想要減重。因為他們並不像第十章提到的麥可．沃德比，在減重大變身之前重達兩百零八公斤。這些男女多半只是「肉肉」的，身體質量指數（BMI）約在三十左右，所以他們不會說自己肥胖，你也不會在超市多看他們一眼，然而他們卻是罹患糖尿病、癌症、心臟疾病的主要人口。如果你像保羅一樣想改變這群人，你的重點不是把這群中間人口變成非常精瘦的健身狂，而是讓他們的雙腳少承受幾公斤的重量，離開肥胖的惡性循環一、兩步。

現在，就來進入艾維亞教授最新的大規模醫學實驗：這個研究叫做BWeL，含融了保羅．艾維亞的學術生涯精華。這研究的核心想法是這樣的：現在全英國已建立了一套作法，讓小型診所的家庭醫生介入戒菸療程，鼓勵病患戒菸。自從這個作法實施以來，在任何時間點都有上百萬人參與，成效良好，儘管還不是全部參與的人都戒菸成功。可是，針對減重並沒有這樣的系統方式，因此BWeL的實驗研究希望能藉由BWeL這項實驗，提供合乎實際的「作法」，以便處理肥胖人口，並善用既有的工具資源。

但這項任務可不簡單。首先，家庭醫師通常不願意跟病人提起減重話題，就怕會冒犯病人，但若只是提出關於健康的標準化的叮嚀，又達不到效果。通常，肥胖者都知道自己應該減重，但知道是一回事，從心裡主動想要減重和做了計畫要減重又是另外一回事。想法通常都有，但就是沒有起而行的欲望。所以，認知失調的情況很嚴重，幾乎可以聽見它們彼此衝突的碰撞聲，而各種推託理由和藉口更在全國各地響起。

因此，BweL要探索完全不同的取向。它根據一種稱為PRIME的動機理論，把暴食和抽菸之類的行為連結到刺激所引起的瞬間欲望上，這跟之前提到的巧克力蛋一樣。根據保羅．艾維亞的假設，這項原則可以誘發更動態而積極的改變驅力，而且這樣的驅力是由主體所掌控的。

在三年裡，共有六十間家庭醫療診所參與了BweL計畫，參與人數將近兩千人。這個研究計畫的目的是為了測試由家庭醫生所主導的減重成效如何。在這項研究中，家庭醫生完全不給予減重病人關於「應該如何做」的指令（但另外的實驗控制組仍有這樣的指令），只提供一般的針對健康事務的叮嚀。

去掉了健康警語，代之以家庭醫師更開放的態度，他們不提供建議，而是給予協助，不規定病人該或不該做什麼，而是提供改變的驅力，這種驅力也就是想像力。醫生在病人心裡種下的種子是：減重之後看起來會如何、感覺起來會如何，讓他們一窺未來可能的模樣。最好的減重方式是去參加減重機構，如瘦身世界（Slimming World）和體重守望員（Weight Watcher）；根據保羅．艾維亞及其團隊在早期的實驗研究結果看出，在測試的六種減重方式中，這類商業機構的專業療程最有效。「如果你願意，我可以把你轉介到國民健保署（NHS。）」醫生說完，便準備幫病人預約。「你願意試試看嗎？」家庭醫生取得病人同意後，會說：「太好了，不過，我知道減重很困難，所以記得一個月後要回來找我。」如此一來，醫生以細膩的方式創造出強烈的信賴感，促成迅速有效的行動，這就是另一種改變的強烈驅力。

這種方式聽起來很簡單，跟老派的推銷吹噓方式並無二致，但潛在上它具有革命性的意義。就像保羅．艾維亞所說的：「把重心放在行動上。我們都想要改變這個或那個，但這裡講的『想要』，意思是什麼？因此，重點是憑藉著一股勇氣來創造改變的欲望，毋須長篇大論去談為何應該減重或不該減重。」

根據保羅的說法，接下來發生的事就跟意志力無關了。事實上，意志力是一個「沒有用」的概念，而且顯然會惹惱這位教授，因為它意味著「有」或「沒有」。在這裡，也沒有自我效能這種功利性的概念，「因為它對整體人口來說沒有影響性。」他俐落地說：「畢竟我們沒有全國性的長期諮商資源可以利用。」

保羅・艾維亞的願景是要做到可行，他在乎改變的速度和輕鬆度，在真實世界中如何做到大規模的改變。這種改變的機制跟本書提到的許多種改變都有共通之處，只不過觀看的距離比較遠。他這項策略的用意是要開啟一道通往學習過程的門，在這學習過程中，許多人擬定小計畫（我星期二要去「瘦身世界」），接著擬定小規則（我說，我要走路去商店，不要開車去，因為我是那種能看透事情本質的人），接著養成小習慣，不再需要費力地靠意志力行事（星期三我通常會騎單車、我每餐都會吃蔬菜）。不要再談，而是起而行，每天做到一點可行的小改變，但擴大改變的範圍。

「我想，這就是我的主題。」保羅說，望向窗外下方的樹。「最重要的是盡可能提供很多改變的機會，都是簡單的激勵，但我想這激勵就是關鍵要素了，因為我們內在都有改變的動力。很多人正好處於這樣的狀態——」說到這裡，他敲了敲桌面：「你只要在正確時間給他們正確的東西，他們就能有所改變。我想，我們能做的最重要的事情或許就是這樣。」

突然間，儘管有各式各樣的建議，還有這樣做可減幾公斤、那樣可減幾公斤之類的話題，但你突然發現——這不是微不足道的小改變而已，而是一群一群的小蛻變，是群聚在一起的幾百萬隻蝴蝶。或許，正是因為對健康福祉抱持著這般的宏大美麗願景，艾維亞教授才能從容、實事求是、又謹慎地表達他的樂觀。這樣的集體改變在他的有生之年恐怕無法做到。沒有神靈顯現，沒有使徒保羅在前往大馬士革的路上忽然聖靈充滿，改信基督教。然而，很難再找到比這個做法更有希望、或說是更寬厚的改變方案了。

第14章　壓抑的反彈力道

保有健康，是人生得以滿足的支柱之一——這句話，出自白髮蒼蒼的卡爾・榮格（Carl Jung），說這話時，他手拿一把燒著菸草的菸斗，就在八十五歲生日的前幾週如此回答《星期日泰晤士報》（*Sunday Times*）的記者。這位記者問他，什麼是「人類心靈幸福快樂的基本要素」，我們這位瑞士精神病學家暨分析心理學之父，回答了五個要素，包括美、友誼、工作、宗教，而其中首要者就是「良好的身體和心理健康」。這句話在保羅・艾維亞聽來，一定如音樂般悅耳。

這次訪問的時間是一九六〇年，榮格博士寫完自傳的草稿之後不久，這本自傳在他去世的兩年後出版。在自傳裡名為「晚年思想」那一章，這位老人家思考的不是幸福的秘訣，而是道德和二十世紀的兩大邪惡力量。他寫道，第一股「傾瀉而出」的邪惡是希特勒的德國，第二股邪惡則是蘇聯政權。他認為，光只是去尋找邪惡的對立面——也就是良善——並且「臣服於」良善，絕對不可能驅散邪惡所投射出的恐怖陰影。因為問題就出在臣服。「任何形式的上癮都是不好的。」他寫道：「不管那種麻醉的源頭是來自於酒精、嗎啡或者理想主義。」

榮格這句話或許可說是二十世紀的墓誌銘了，但，這句話跟改變有何關係？嗯，有時候，改變跟身體欲望或行為無關，也跟工作、宗教或愛無關，甚至無關乎個人的邪惡或障礙——或者該說是乍看之下跟這些都無關。有時候，改變是跟意識形態有關，也就是我們認為這世界應該是什麼樣子。對第三章提到的香港民運人士劉慧卿來說，則是跟政治有關。

過去幾十年來，諸多心理學和社會學研究都發現，在一個人的各種態度當中，基本政治取向是其中比較穩定的一種態度。我們也許會對於特定政策或特定政治人物有一點彈性，會視情況稍有改變，但整體的政治傾向通常在生命早期就會形成，然後持久不變。這種政治傾向大幅轉變的情況通常很少見——這裡講的不是政策急轉彎，也不是政治人物為了權宜之計或表態而改變所屬政黨。我們這裡在談的是意識形態的深層改變，是像莎洛米亞．蓋寧（Salomea Genin）這樣的人物，她的政治世界觀本身所經歷的革命性轉變。

——

這日天氣以四月中的柏林來說是不合常理的炎熱，讓人忍不住覺得自己的所有信念——政治、種族和個人人生——都一一融化，融成一杯沁涼可口的飲料。頓時，你覺得在某間優質咖啡館裡販賣的那種名稱愚蠢、混和了水果、糖漿和冰塊的飲品變成了女妖，聲聲呼喚著你。這樣的一家咖啡館，可能就位於以前屬於東柏林市中心的哈克市集（Hackescher Market）附近、許多國際品牌商品的旗艦店之一。像這樣的店面，位於交織錯密的電車電線底下，一間一間林立。已經落伍但看得出來是未來主義風格的柏林電視塔，曾是東德的象徵，它的圓形頂部還矗立在上方。這裡的世界和生活，截然不同於五十年前莎洛米亞．蓋寧成為東德公民的時候了。沒錯，你沒有讀錯，她經歷了九年的申請和等待，終於成了東德公民，在許多東德人努力逃出東德的時候，她反而努力想進入東德。

現在，她的住處離哈克市集只有短短一段路，位於窄巷內，路面起伏不平。打開大門，露出了裡面一片窄仄的公寓空間，窗戶開在高處，迎進足以逼汗的傍晚熱氣。一陣熱鬧寒暄之後，莎洛米亞領路進屋，接著提高音量說她不知把助聽器放到哪裡去，然後她以手輕拍一張桌的桌面——桌上鋪著藍色和金色繡紋的桌布——尋找她的助聽器。

「有一次，我把那隻金邊眼鏡忘在這裡一整天。」她說：「沒關係，沒事的。現在，先來把你的聯絡資料輸入電腦吧。」她急忙走向那台發亮的蘋果電腦iMac。裝電腦的箱子還放在書桌旁的地板上。

「我剛買的，憑直覺就很好操作。」

她用兩根食指飛快打字，把會面這件事記錄了下來。她顯然喜歡用電腦來記事情。接著，莎洛米亞往一堆紙當中搜尋，那種精力充沛的模樣真不像八十二高齡。

「我要讀東西給你聽。」她忽然這麼說，沒進一步解釋為什麼，或者她要讀的是什麼內容。她從紙堆中抽出一張紙，戴上眼鏡，站在書桌旁，以清晰有力的聲音開始朗讀：

> 生命也許只提供了兩種選擇：記住伊甸園，或者遺忘伊甸園。選擇一種吧：記住，

需要力氣；遺忘，需要另一種力氣。想要同時記住又遺忘，得是英雄才辦得到。記得伊甸園的人，因痛苦於純真一次又一次死去而瘋狂。遺忘了伊甸園的人是另一種瘋狂，由於否認了痛苦和對純真的憎恨而瘋狂。世界多半分成兩種人，一種是能牢記的瘋子，一種是遺忘的瘋子。英雄，少之又少。

莎洛米亞拿來一只玻璃水平和兩個玻璃杯，這時我問她，她才說：「這是美國黑人小說家詹姆斯．鮑德溫（James Baldwin）的文字。」接著她坐了下來，開始訴說她自己的記憶和遺忘的故事。

—

一九三二年夏天，莎洛米亞出生於柏林的一個猶太家庭，「功能不健全的那種」，她說。她上有兩個姊姊，四歲時父母離異，之後再見到父親是在她六歲時，「接著，他就消失在我的生命中。」

至今八十年過去了，但童年早期在納粹統政下生活的恐怖點滴，仍能浮現莎洛米亞的腦海裡。她的記憶力驚人，甚至可以記住當年的片段對話，這種天賦日後在另一個地方派上了用場。她說她四或五歲的某一天，被姊姊拉進門內躲著，因為稱為褐衫隊（Brownshirt）的納粹軍隊政邁步走進她們的猶太社區，邊走邊唱著：「當猶太人的血從刀口下噴濺而出，世界就一切美好。」「當時的我就懂了。」她說：「我姊姊當然嚇死了，她的恐懼也感染了我。」還有一次，在民族團結日（Day of National Solidarity）那天，媽媽要金髮藍眼的她出去買一磅肉餡，那是一九三八年，納粹黨員發動搗毀全國猶太人商店，攻擊猶太人，被稱為水晶之夜（Kristallnacht）的事件剛過三個星期，納粹不准猶太人上街。雖然她是金髮藍眼，但有個男孩仍然認出了她是猶太人，對她咆哮：「妳在這裡幹麼？快滾回家！再讓我看見妳，我就去地方黨部舉報妳。」

一九三九年五月，在莎洛米亞七歲生日的前夕，她的母親帶著她從柏林逃到澳洲。五年後，十二歲的她，政治覺醒於墨爾本。一九四四年，她姐姐已經加入共產黨，帶她去參加尤利卡青年陣線（Eureka Youth League），這是共產黨青年組織。

「我在那裡聽到尤利卡青年陣線的秘書長提到社會主義，她提到德國納粹屠殺猶太人，是因為他們必須轉移他們所面臨的社會問題。當我聽到這些，忽然間——」莎洛米亞用兩隻手比劃出煙火爆開的樣子：「我所經歷的一切都有了答案，為何當年必須逃離的原因也有了解釋。我恍然大悟。就這樣，我被吸引了。」

莎洛米亞很快成為尤利卡青年陣線中最聰明、最投入的年輕社運份子之一，而對她來說，這組織也成了「另外一個家」。然而，隨著第二次世界大戰結束，冷戰開始，共產黨員，即使是年輕的共產黨員，也成了人民公敵。他們找不到場所聚會，活動屢受干擾。

「這些阻力促使我們更團結。」莎洛米亞說。她望向窗外。斜陽在對面教堂屋頂的陡斜紅磚上拉出一道陰影。「阻力愈大，我們愈堅強，而像我這樣真正投入的共產黨員，就更相信社會主義的國家是好人，我所居住的國家是壞蛋，而所有跟蘇聯集中營古拉格（gulag）有關的報導都是騙人的，都是為了毀謗社會主義。我們就是無法相信那些報導。」

滿十七歲後，莎洛米亞加入了共產黨。隔年，一九五一年，世界民主青年聯盟（World Federation of Democratic Youth）在東柏林舉行世界青年節，莎洛米亞抓住這個機會返回東德。這件事讓她那兩個發誓再也不踏上德國土地的姊姊百思不解。

「等等我。」莎洛米亞說。她從座位上起身，走到隔壁臥房。一陣抽屜和櫥櫃開啟的聲音。一、兩分鐘後，她出現，手上拿著一條偌大的絲巾，這是當年世界青年節的紀念品。絲巾上印著各國籍的年輕人圍成一圈的圖樣，他們手牽著手，繞著地球，頭上方有一隻巨大的鴿子盤繞。這些年輕人身穿色彩鮮艷的服裝，個個嶄露笑顏，在每一雙緊握著友誼的手下方，以各種語言寫著「和平」。絲巾的邊緣，以紅色現代感的無襯線體（sans-serif）寫著：年輕人為了和平團結，對抗危險的新世界。

「所以，對，回柏林是件奇怪的事。」莎洛米亞說，並謹慎地摺妥絲巾。「我的意思是，雖然我在柏林有過可怕的回憶，但從另一方面來看，能回去也是很不可思議的事，因為我知道——我現在說這種話有點諷刺——我知道我即將進入我反法西斯主義的國家，而這裡就像那種制度遺留下來的廢墟，所以，他們，或說我們在那裡可以建立一個公義嶄新的世界。一開始我只想留半年，但那些要命的雜種——澳洲人這樣說——不讓我待那麼久。」莎洛米亞對於自己說起話來像個澳洲人而哈哈大笑：「可是待下來的阻礙愈大，我就愈相信我屬於那裡。」

與她這場談話，出乎意料變得很長；在長長的談話中，莎洛米亞．蓋寧三番兩次提到，對她來說，社會主義終究戰勝了人際關係。理念和共產黨就是比家人、愛人和朋友更重要，他們只是莎洛米亞今天所說的「假神」。所以，一九五四年，她離開了在澳洲的母親和姊姊，搬到西柏林，並帶著前去東柏林的明顯意圖。在她能意識到的層面，她去東柏林的理由是跟意識形態息息相關的。「我想建立一個新世界。」她說。但談話到了晚上，她也說，說不定她潛意識裡懷有某種想法：就是她希望被那些迫害她家人和同胞的雅利安人接受。「就像斯德哥爾摩症候群吧，我這個受害者反過來認同加害者。」她說：「我想，這種感覺，以及童年時代所壓抑下來的恐懼，在日後影響了我的很多行動。」

一陣沉默。然後她起身，砰的一聲關上了長型的窗戶，隔開夜晚的寒氣。接著，她開始描述她為了取得德意志民主共和國（GDR，即東德）公民身分的那九年等待。她可以持澳洲護照進出東德和西德的邊界，即使在柏林圍牆建起來之後也通行無阻，然而東德政府不允許她在東德居留。

一九六一年，築起柏林圍牆後三個月的某一天，莎洛米亞走在路上，有個陌生人趨前攀談。他說，他是她的朋友的朋友，問可否一起喝杯咖啡。她同意了，兩人聊得頗愉快，他要求一週後再碰面。這次他帶了另一個男子前來，那人自我介紹說他是波爾同志，是國家安全部的人。波爾說，現在，反法西斯的保護牆已經築起，他們得設法知道西方世界發生什麼事，希望莎洛米亞能幫助他們。

「那時我三十一歲，」她說：「我很寂寞，很懷念在墨爾本的政運同志以及那種歸屬感，加上我心想，或許這是我可以對階級鬥爭有所貢獻的時候，所以我毫不猶豫就說：『好，沒問題，我願意』。」

就這樣，莎洛米亞・蓋寧成了Inoffizieller Metarbeiter，也就是秘密線民，為東德的國家安全機構「史塔西」（Stasi）工作。她按照他們的要求，不加入革新份子的圈子活動，也跟現在的朋友斷了聯繫，並以反東德的姿態出現。他們會要求她去找某些人喝咖啡或者去公園散步，問問那些人對某些議題的看法，然後每兩星期回報一次。十八個月後，莎洛米亞的精神緊繃到崩潰邊緣，孤立的心理狀態也難以安置，於是她穿過了兩德的邊界，打電話給波爾同志，要求碰面。他赴約後，她告訴他，她受不了了，如果他們不讓她直接住到東德，讓她在東德結婚交朋友，那她就要從此離開德國，把德意志民主共和國拋在腦後。

「他看著我，」莎洛米亞放低鼻樑上的眼鏡，製造效果：「以一種又像父親、又像朋友的溫和眼神，告訴我：Wir werden dich hereinbringen müssen，我猜，意思大概是說，那我們就接受妳吧。」

一九六三年五月十六日，她落腳在東柏林特雷普托區（Treptow）的一間小公寓，開始以翻譯維生。到了一九六〇年代中期，她和一個叫漢斯的男人生了兩個孩子，但這段關係很快結束，她獨立扶養孩子。這段期間，她仍擔任秘密線民的工作，這個身分持續了將近二十年。不論遇見什麼人，朋友、愛人、同事、熟人，她都會把他們所說的話、他們的心情和想法，憑著她驚人的記憶力，一五一十收集起來，並回報給波爾和後續的繼任者，他們會寫在筆記本上，偶爾利用隨身錄音機錄下細節。

她說，這十二年來她「沒有良心不安之類的內心折磨，因為保護社會主義的理念和德意志民主共和國是人生最重要的事。我不覺得自己是雙面人。」莎洛米亞的眼神定住，久久不動，使得這段驚人之語深具說服力。天色差不多暗了，但她似乎沒意識到自己坐在灰暗的光線中，直到我提醒，她才說：「是啊，是啊。」然後起身打開那盞標準款式的樸素立燈。

——

法國小說家卡謬說，十九世紀的真正預言家，不是提倡共產主義的馬克思，而是俄國文豪杜斯陀也夫斯基。杜斯陀也夫斯基於一八六三年出版的政治散文《冬記夏日印象》（*Winter Notes on Summer Impression*），日後啟發了一項著名的心理學實驗，而這項心理學實驗可以解釋莎洛米亞・蓋寧的故事和她所面臨的轉變。杜斯陀也夫斯基寫道：

> 設法執行以下這項任務：腦子不要去想白熊。但結果你會發現這該死的白熊分分秒秒都出現在你的腦海中。

這段話，在一九八〇年代中期吸引了美國社會心理學家丹尼爾・韋格納（Daniel Wegner）的想像力，促使他決定在實驗室加以測試。

韋格納要求一組自願者在五分鐘內大聲說出他們心裡在想的事情，同時努力不要去想白熊，萬一想到了白熊，就按鈴。可想而知，白熊贏了，幾乎每一位受試者每一分鐘都會按鈴。接著，研究人員要求同樣這群人在五分鐘內盡量去想白熊，結果發現，這群人想到白熊的機率明顯高於另一組控制組——控制組的這組人，在兩次的實驗中，都被要求在五分鐘內盡量想到這種白毛如雪的食肉動物。韋格納因此得出以下的結論：試圖壓抑卻反而會出現矛盾的效應，也就是原本為了自我控制而要壓抑，這策略只會讓不想要的想法在稍後出現「反彈」力道，且力道更強。

這個實驗促成了一種全新的心理研究領域，叫做「矛盾反彈理論」（ironic process

theory）。這項理論經過一次又一次研究的調整，而各種研究所採用的念頭，有些不像白熊那麼適合放在聖誕節卡片上，而且對於腦袋來說是比較麻煩的念頭。結果，韋格納發現，當我們在壓抑某念頭的時候，有一部分的心智確實會有效地執行這功能，但另一部分的心智會去「檢查」，以確定該念頭沒出現，但如此一來，反而讓那個念頭回到舞台中心。如同韋格納和其他研究者在許多相關實驗裡的發現，我們可以透過許多策略讓這個與熊有關的念頭遠離：轉移注意力、把它延到稍後的時間再去想，避免一心多用造成心智過度負荷、沉思冥想，甚至刻意一直想著那個念頭。

然而，有一點是很肯定的：光是想著要忘掉某些不受歡迎的念頭——比如午後來片巧克力、失戀的心、或者原本期待的更好社會到頭來是幻滅的烏托邦——其實只會落得徒勞無功，甚至會記得更牢。

由此可以看出，不受歡迎的念頭和資訊可以如何深刻改變我們的思考過程。莎洛米亞．蓋寧的故事，活生生就是個由於認知失調而用合理化藉口來面對的例子。不過，從莎洛米亞的意識形態的蛻變方式，更可以看到韋格納博士和大量的白熊相關實驗所證明的矛盾反彈。

也許是因為中心必然無法維持，又或者是一連串的意外使得它無法維持了，總之，莎洛米亞只知道，從一九七〇年代中期到一九八二年的這七年間，一切都改變了。或許是她自己變了。而對她這樣一個堅守意識形態到了不惜背離原有的人際關係的人來說，有很長的一段路要走。

迷惘始於她開始發現到，她以前在澳洲所了解的社會主義，跟她在德意志民主共和國裡所發現的社會主義不同。在東德，共產黨同志獨裁專制，對於政治辯論沒興趣。但這些「白熊」沒有改變莎洛米亞的意識形態，倒是讓她開始思考自己是不是沒把理論弄懂，因此，她利用閒暇去修了哲學課程，開始研究意識形態是如何確立，又如何變腐敗。

「等我唸完書，我發現兩件事。」她說：「一件就是，我在澳洲沒好好讀書，導致我以非黑即白的觀點來看事情。第二件，我已經不是馬克思主義者了，這一點對我是一大震驚，當然我沒把這事說出來，但從那時起我就知道。」

她開玩笑地提起馬克思寫過一封信，他在信上寫道：「如果有任何事是確立的，那我自己就不是馬克思主義者。」不過，她話鋒一轉，變嚴肅起來，談到一九七五年跟幾位同學在下課休息時間私下討論德意志民主共和國的審查制度。稍後，她詢問當時也在場的一位朋友，那朋友看著她——莎洛米亞直接引用她的話——說：「『他們那些人根本有精神分裂症，不知道自己私下說的話跟公開發表的東西完全徹底相反。』這句話，就像閃電劈中我的五臟六腑——」莎洛米亞掄拳，用力捶向自己的腹部：「因為，她說出了我已感覺到了、但仍不願相信的事實。」

莎洛米亞壓抑住那道閃電所代表的全部意涵，不想在政治信仰上有任何改變，但她在內心深處開始檢視她以線民身分向國家安全機構史塔西所報告的事情。這就像實驗中的人，很努力不要去想到「白熊」，但她不斷不斷懷疑起德意志民主共和國，伴隨著許多其他的原因，讓她幾乎要改變立場。國家權力不分立，沒有集會或新聞自由，沒有言論或社運自由。這些領悟的時刻，發現「帝國是赤裸的」時，震撼感非常強烈，但她繼續置之不理。

「因為我不想知道真相。」她說，搖了搖頭，又重複了一次。「我不想知道真相。我完全無法去面對原來這樣的社會主義行不通，因為，如果去面對這個，我一定會想要自殺。畢竟，過去三十八年來——」莎洛米亞用拳頭捶了桌子：「我是這麼高度信奉、全心奉獻給共產黨。」

終於那天來了——她明確指出日期，一九八二年九月二日——懷疑再也壓抑不住了。她經歷到的那一刻，徹底震碎了她對她的信仰體系的困惑；那頓悟力道大到足以引發積極的改變。那一刻，她站在電視機前，等著收看西方新聞。播報員說，即將上映一系列跟國家社會主義有關的影片，以慶祝希特勒崛起五十周年。

「我一聽，」她說：「原本就困擾我但我始終無法回答的問題突然浮現。德國人怎麼會說不知道他們的猶太鄰居發生什麼事呢？這種精神分裂症打從哪裡來的？忽然，六年前我朋友說的話又像閃電一樣擊中了我。這兩次的精神分裂症結合了，而第二種所引發的思緒讓我非常震驚。我活在這個獨裁政權裡，幾十年來在這個腐敗的警察國家中，而我對此也做出了貢獻。就在這時，我掉入黑洞，我知道我無法再為史塔西（國家安全機構）工作了。」

還記得（十一章）那個從流氓變成修士再變成商人的帝迪爾．隆恩嗎？他說，你不是相信你所做的，而是去做你所相信的。對莎洛米亞來說，改變政治信仰的那七年促成了她的行動，而行動正是任何改變的核心要素。後來，代表國家安全機構來與她接觸的人——這時是威爾納——再來找她時，她放聲抨擊德意志民主共和國的體制，並在幾個星期後鼓起勇氣，跟他們斷絕聯絡。結果，威爾納保護了莎洛米亞。他把和她碰面的會晤報告拖延兩個月才上報，而且完全沒記載她的話，只提到她有明顯的精神耗弱傾向，未來對機構恐怕沒什麼用處了。他的結論：「因此這個線民將要逐漸淡出。」就這樣結束。

接下來三年，莎洛米亞陷入嚴重憂鬱，並經歷兩次治療。到了柏林圍牆在一九八九年倒下，她開始明白，她如果想讓她的這種改變成為真實，想要熬過心中的罪惡感，唯一的方式就是繼續去做當初她做出的行動——也就是繼續找人談話，而這意味著去記憶，而非遺忘。

她先是去找了她在一九六〇年代時曾跟史塔西打報告的一位大學講師，當面向對方坦承她曾密告他。然後，她開始把她參與史塔西的過程寫下來，並接受記者訪問。她這些舉動堪稱破天荒，極不尋常，因為為數十七萬的線民通常選擇默默融入社會當中，但對莎洛米亞來說，她必須出面當見證人，她才有辦法真正改變，才能解開那些年她所壓抑的思緒。而這種方式迄今仍行得通——也就是，不是去移除罪惡感，反而是跟罪惡感共存。

「如果我沒有公開談論這件事，」她說：「就不會有人知道我替史塔西工作過。多數人不會像我這樣暴露身分，但我覺得我需要透過這種方式來原諒自己。」

「妳原諒自己了嗎，莎洛米亞？」

「多多少少吧，差不多在我七十八歲左右。」她哈哈大笑。「對我來說，真正改變的是態度，以前我認為理念比什麼都重要。但我現在不這樣想了，在這方面，我跟四十年前完全不同了。妳知道嗎？我喜歡格言諺語，其中有一段我很喜歡：親愛的主啊，求祢給我寧靜，讓我不會想去改變我所不能改變的，讓我有勇氣去改變我能改變的，且給我智慧讓我能分辨兩者的差別。另一段是，為和平而戰就像為貞操而幹。我覺得這句話非常有趣，也說得對極了。」

漆黑的街上傳來十點鐘的教堂鐘聲。她站起身，說要去拿一顆彩虹顏色的毛球給我看。她在隔壁房間說，她打算用這團毛線來織一條毯子。「只要用平針就行。」她說。在她閒聊的當下，你會覺得，其實莎洛米亞．蓋寧不希望這場訪談結束，也不想結束這個為她帶動了改變的挺身作證之舉。

第15章　快樂、意義與行動

關於記得這件事，對莎洛米亞．蓋寧來說是造成她改變的中心力量，然而，記得，跟經驗，是截然不同的兩件事。對於我們這些想探尋快樂之要義的人來說——這兩者的差異具有實質的重要性。還記得第四章提到的管理顧問大師柯林．普萊斯說的嗎？「人生最要緊的，莫過於快樂。」嗯，如果我們想先搞清楚到底什麼是快樂，這問題會變得更複雜，因為它牽涉到我們是如何記得，以及記住了什麼東西。

心理學家暨認知謬誤大師丹尼爾．卡內門（Daniel Kahneman）指出：「記憶裡的我」（the remembering self）截然不同於「經驗中的我」（the experiencing self）的心理呈現。這個「記憶裡的我」，跟大衛．休謨在「叢聚理論」中所提到的當下感受或感知沒有多大關係，然而，根據卡內門的說法，「記憶裡的我」是我們過去生命故事的策展人，也是我們對未來決策的仲裁者。「記憶裡的我」先是想像——繼而認為它知道——是什麼會讓我們快樂。而這種想像和認知有時是會搞錯的。

這種謬誤就是卡內門所說的「聚焦錯覺」（focusing illusion），也就是我們投入了過多的關注在某事物的單一面向上，但事實上該事物有多重的面向。這種錯覺，特別常出現在當我們思考生活某一重要層面在未來會怎樣改變的時候。根據卡內門的說法，我們經常低估了自己的調整改變能力，而高估這類改變所造成的衝擊程度。

這個論點，出現在卡內門和心理學家大衛．施凱德（David Schkade）共同在一九七〇年代發表的一篇心理學論文上，兩人並以這篇論文奠定了學術名聲。這篇論文提到，下半身不良於行的人，跟樂透得主，以及既沒有中樂透，也沒有不良於行者相比，這三種人的生活滿足感只有些微差異。這個發現非常違反直覺，因此具有新聞報導的價值——果然也被拿去做了誇大的報導——而施凱德和卡內門認為，這個誇大現象恰恰是聚焦錯覺的最佳例證。他們認為，社會大眾之所以對這個研究發現感到訝異，是因為我們高估了中樂透會讓我們開心的程度，一如大眾高估了殘疾人士和普通人不開心的程度。當我們想到這種意外之財時，我們是把焦點放在改變的瞬間，也就是變成不良於行或超級富有的剎那，並且誤認為這就是不良於行或超級富有的存在狀態，但其實這兩者截然不同。

這篇論文進一步透過實驗來闡明這種聚焦錯覺。這個實驗發現，一般人以為住在陽光普照的美國加州會比住在起大風又寒冷的中西部來得更快樂，但實驗結果發現兩者的滿足程度差不多。這項實驗的論文名稱是「住在加州會讓你比較快樂嗎？」結果他們的結論提到「一項道德提醒和警告：你關注的任何面向，差異性都不像你所想的那麼大。」

——

熙恩．海沃德博士（DR H'Sien Hayward）住在加州，她甩著一頭滑亮如絲的馬尾說，她很快樂。她看起來是一個性情溫暖、笑臉盈盈、充滿活力的人。她也研究快樂，而這樣外表給人強烈的印象，讓人覺得海沃德博士一定很懂自己在說什麼。

她的博士論文於二〇一三年在哈佛大學發表，她的論文複製當年那個由施凱德和卡內門所開創的著名快樂實驗，因為她認為，這個實驗的原始研究結果經常被錯誤引用，而事實上，從一九七〇年的研究數字來看，不良於行者確實比實驗控制組更不快樂。針對調適或復健所做的研究文獻也都沒能解決這種矛盾結果，只看到各種相互衝突的證據，有的引用負面衝擊對生活的持續效應作為證據，有的則謹守「快樂水車」的模式，認為人們不管遭受的是厄運或好運，最終，快樂指數都會回歸到原有的穩定狀態。

熙恩．海沃德打算解決那項原始實驗和後續研究之中造成混淆的缺點。她如實找來三組人，一組是中樂透的人，一組是後天的脊椎損傷者，另一組是普通正常人當作控制組。但她把調查時間加長。原本的研究做的是在中大獎或遭受厄運之後的一年，她現在把時間延長為十年，而她的研究結果令人震驚。跟原始研究一樣的是，中樂透的人在時間久了之後，對他們家的電動大門和泳池也就習慣了，但脊椎損傷的人就和原始研究不同了。不管用任何既有的快樂指數來測量，脊椎損傷者的快樂程度，都跟中樂透或控制組沒兩樣。經歷意外之財或意外傷害之後的一年，心理上也許還沒有調適過來，但過了十年或更久的調適，成效就非常驚人。

「我非常驚訝。」熙恩說，她一雙褐色眼睛睜得大大。「我把數據加以更動，控制不同的變項，把資料用各種方式去分析，結果都一樣：用各種快樂指標來看，這三組人的快樂程度並無變化。」她露出充滿加州陽光的燦爛笑容，說：「所以結果令人振奮。不過，話說回來，或許差異確實存在，因為我想每個人的快樂的類型不一樣。快樂的性質是會改變的，對有錢人來說，快樂或許跟休閒娛樂的活動有關，因為都負擔得起，但這樣的快樂或許沒有太大意義。然而，對於坐在輪椅上的人來說，也許他們的快樂程度不是非常高，畢竟他們要花很多時間和力氣才能行動，但他們可能在自己所做的事情中找到意義。所以，意義是快樂的重要要素。」事實上就是蛻變。

跟在逆境後面而來的另一種快樂，正是一九九〇年代之後許多研究所探討的一種心理現象——「創傷後成長」。我們也許可以想到周遭有那麼一、兩個人，遭遇了疾病、心理創傷或喪親之慟的打擊之後，對生命有了新的體悟，跟家人的關係更親密，重新調整了情緒的優先順序。這就是「創傷後成長」，而且它也細膩地彰顯了施凱德和卡內門的結論：你關注的任何面向，它所造成的差異性都不像你所想的那麼大。重點在於，生命的脆弱和殘酷不盡然只帶來病態的效果，它也會產生正面的效益。事實上，這種正面效益正是因為遭遇了逆境才出現，而不是就算遇到逆境也能出現。想一想第七章的盲人宣德勒．海瑞恩和第五章的難民海帕萊特．奈提古瑞瓦。

為了探索這類改變是如何發生的，熙恩．海沃德在另一個為時八年的研究中提到，在她的研究對象當中，脊椎損傷者的快樂分數似乎跟一種記憶偏誤密切相關，這種記憶偏誤就是：正面的刺激比負面刺激更容易讓人回想。簡而言之，他們的「記憶中的我」傾向去看見陽光，而非烏雲。

「然而，」熙恩說：「這社會談到殘疾時，並不會說太多快樂的故事。所以我想用科學方法來做點什麼，來處理殘疾的汙名。因為我認為，這些通常被稱為悲劇的事，也是一種轉化的經驗。它們會扯斷你人生的優先順序，而你面對這種事的方法有許多種。其中一種是崩垮，被它打碎，另一種是——」她搜尋著合適的字眼：「想辦法成長。我想，我是深深相信在黑暗環境中也能夠改變的人。我認為所有人在任何情況下都能抱持希望，這樣的想法不是要貶低個人的苦難，我只是認為，每個人都有能力去改變自己的狀態。」

你可能會納悶，這麼深刻強大的信念會出自一個這麼年輕、眼前有許多研究等著她去做的人——熙恩投注全部精力在研究這個主題，這是因為，熙恩・海沃德博士不良於行，而這不是她遭遇的唯一逆境。

熙恩・海沃德出生於華盛頓州外海的羅培茲島（Lopez Island），她在島上一片農場林地的小社區裡長大，雙親都是嬉皮，他們住在自己蓋的房子裡。熙恩和大她一歲半的哥哥瑞希在田園式的自由環境下赤腳長大，兄妹倆感情很好，形影不離。但有一天，發生了可怕的意外。瑞希和爸爸開著曳引機到森林，曳引機翻覆，十歲的瑞希被車子壓死。

「那天的情景歷歷在目。」熙恩說：「我坐在沙發上，媽媽的一位朋友為她把電話筒掛上之後，走向我。媽媽趕去醫院陪爸爸。從那個阿姨臉上的表情，我知道我的生活從此再也不會一樣了，一切都變得緩慢下來。我覺得如果我能讓世界變得再慢一點，這件事就不會發生。」她停頓：「哥哥是很棒的人，他是我的生活重心。」

熙恩在接下來的可怕日子裡得到兩個體悟，這兩件事可說奠定了她日後的人生基調。第一件就是母親對這件憾事的態度，她說他們家不應該沉溺於哀傷，或者只看到失去的，而是應該感謝他們有機會跟瑞希相處十年。「這種態度真的改變了我。」熙恩說。「這讓我為七年後發生在我身上的事做好了準備。」另一個啟示是，她從這件事找到了她對於傷痛的解決之道，這個解決之道日後不只一次派上用場。

「我還有一個鮮明的記憶。我一個人站在屋外——」她似乎微微顫抖了一下，一綹褐金色的秀髮垂到臉頰旁：「忽然我內心升起一股強烈的焦慮，覺得我有好多事情要做，因為我哥哥是運動健將，外向又活潑，而我只會念書。那種焦慮類似：我要怎麼做到全部這些？我如何像哥哥樣樣全能？這件事徹底改變了我，但也讓我能度過悲傷。我變得——」她笑笑，又聳聳肩，說：「我變得非常忙。整個人可說經歷了自我認同的轉變。」

原本膽小內向的書呆子熙恩，開始參加校內的各種體育隊伍，還交了男朋友。「對，那時才九歲。」她哈哈大笑：「而且從那時起就沒單身過。」她的社交生活也變得極活躍，還開始列出她想達成的目標：州際排球冠軍、各科目都拿A、跟足球校隊的四分衛明星球員交往、每天早上上學前跑步十一公里，成為高中畢業舞會女王。她列出一項又一項的目標，也一項接著一項達成。

「當時，我認為這就是完美，而且，如果我跑得夠快，任何厄運就追不上我，畢竟，我哥的死毫無道理可言。我就是這樣勇往直前，試圖藉此把握生命，但隨身備著膠帶。萬一摔了——」她把雙手合在一起，拱成杯狀，彷彿捧著什麼脆弱珍貴的東西——

「我的生命會破碎掉，但只要我握好它，前進得更快，在上面黏著膠帶，一切就會沒事。」——她深吸一口氣——「我知道，生命會在一瞬之間，輕易就碎裂。」

說這些話的時候，熙恩從一個失去哥哥的小女孩一轉身就變成心理學家，像這樣輕鬆的角色轉換，在今天早上與她的談話之間就出現過好多次。從個人經歷而來的深刻感受，和為了找答案的理論上的追尋，同時存在熙恩的身上，彷彿兩個老朋友，有時不合，有時意見一致，但不管怎樣都對於彼此的陪伴感到滿足。接下來她便開始以學者的姿態說明，這兩種角色之所以能和諧共存，可用一種理論來解釋。

人在創傷過後，身分認同和行為都會產生改變，而這種改變牽涉到一種認知機制——上述這概念來自心理學家羅妮．亞諾夫布曼（Ronnie Janoff-Bulman），她是早期研究「後創傷成長」的專家，也是最早一批研究樂透得主與不良於行者的快樂程度的研究者。亞諾夫布曼提出了一項理論：「粉碎假設」（Shattered Assumption），以此描述創傷是如何粉碎了「原本假設的世界觀」，在這種世界觀底下，大家沒有明說但普遍認為世界是仁慈的，事情發生總有理由，而好人會有好報才是。然而，個人所遭遇的災難粉碎了這種世界觀之後，就必須從粉碎的片段中重新建立新的信念和目標。而亞諾夫布曼的這項理論就認為，許多人經歷創傷後會出現巨大的改變，正是源於這樣的心理機制。

這非常重要，它即將發生在熙恩身上：能讓生命重新開始的動力，是改變，而不是緩和的療癒過程。

熙恩在哥哥死後的第七年，拿到了運動獎學金，進入夏威夷州的大島（Big Island）念寄宿學校。有一天，她和幾個朋友開車去海邊，慶祝幾天前他們在州際比賽得冠軍，結果車子在蜿蜒的公路上發生車禍。熙恩被甩出車外，脖子和背部都嚴重受傷，昏迷了十天。她對車禍沒印象，只依稀記得住院之前幾天的事。幾個星期後，隨著止痛藥消退，殘酷的現實開始啃食她。她斷掉的脖子逐漸穩定，但胸部中央的第四節胸椎嚴重斷裂。

「我還記得當時我感覺脖子以上是正常的，但脖子到胸骨的地方變得不一樣。」熙恩伸出指尖，撫摸鎖骨之間的柔軟凹陷處。「接著，當我碰觸我的胸骨，毫無感覺。我記得當時我好憤怒，但我氣的不是開車的人，而是醫生。如果他們無法讓我恢復正常，幹麼不直接讓我死了算了，現在這樣的我，再也不可能完美了。哥哥死後，完美就是我的人生目標，但現在，這目標永遠不可能達成，因為我殘破了。」

她「原本假設的世界觀」粉碎了，接下來兩星期是最黑暗的憂鬱期。哥哥瑞希死後，她每天睡覺前都祈禱隔天醒來，哥哥就活過來，現在，她則祈禱隔天醒來又能走路。不過，後來，熙恩．海沃德開始做起熙恩．海沃德遇上災難時會做的事。「設法再讓自己忙碌。我又開始列清單。」她在手上比畫，假裝列清單。「星期二學習自己穿襪子，星期三學習自己洗澡。我愈忙碌，就愈快樂。」

所以，這個以前用過的應變之道有了新的樣貌。而新的世界觀也開始形成。現在，她忙的不是去誘惑可愛的男友，也不是要贏得州際田徑比賽，而是忙著培養她所說的「美德」，其中一項就是「處理憤怒的情緒」。此外，她還忙著以殘障的身軀過日子要面對的種種細節，並且開始計畫她的學術生涯。是她母親的樂觀支撐著她熬過那幾年——母親覺得她「大難不死，必有後福」，而且，如果可以，她們寧可瑞希癱瘓，也不願他死掉。這種樂觀，正是她口中的新生命的根基。

將近五年的時間，學習走路這件事一直位居她事務清單上的最優先事項。意外發生後的隔年，她花了四個月在南加州一間診所，靠著義肢和電流刺激來學習走路。這種方式在技術上可行，但實際上效果不佳。義肢輔具使用起來笨重又耗時，幾年後，走路在事物清單的排名開始往下掉，另一種假設開始成形。在南加州那段期間，她的轉型最後跟走路無關，而是看到那些跟她一樣無法使用雙腳的年輕人，他們長得俊美，看起來又酷，活得那麼有意思，對未來抱持著希望。

熙恩說到了在那之後幾年她所做的那些事帶來了幫助，讓她得以替自己形塑新的世界和新人生。她的改變方式包括：去紐約擔任模特兒一段時間（她長得很漂亮），好幾次勇敢地出國旅行、結交好友、家人始終從旁支持、深度冥想，以及最重要的，她達成了學術志業目標，成為心理學家。這些都讓她這個人沒有由於逆境而斷裂，反而變得有彈性、能成長，就像粉碎假設和後創傷成長理論所提到的那樣。

然而，熙恩也設法讓我知道，她仍有許多困難時刻要面對，不過不包括從輪椅上摔下來這種事。「我昨天就跌了兩次。」她對自己翻了個白眼，還哈哈大笑。「這種事困擾不了我，反而讓我學會謙卑，提醒我人生還有更大的格局。」她說，真正難捱的，是有人讚美她時說「即使像妳這樣」，仍能表現得這麼樂觀快樂。她忽然撫弄起背心的帶子，一臉受傷的表情。「這種事經常發生，通常是陌生人。我很好，但就是會有人說我很不好，好像在他們的眼裡，我這樣子不值得活下去。」

這種評論反倒讓熙恩升起一種強烈的救贖信念，這樣的信念截然不同於一般人對於像她這樣的殘疾人士所持有的看法。

「我認為，」她說，顯然意識到這段話是有感而發：「在某些方面，殘障或許是老天爺給我的禮物，因為它是這麼從裡到外徹徹底底改變了我的生命。當然，有時候很難捱，但我知道我因為殘障而變得更有智慧，更有能力張大眼睛，好好活著，並且記住什麼才是真正重要的。這種成熟的確也跟年齡的增長有關，然而，當這種經歷是朝你丟過來的，那就像搭乘電梯——而不是走樓梯——你會直上某些境地。」

—

我們討論到快樂是什麼，以及有沒有哪一種黑暗經驗會黑暗到無法出現熙恩·海沃德所說的救贖性改變，這時，她提到她最愛的一本書，《活出意義來》（*Man's Search for Meaning*，一九四六年出版）。這本書的作者是奧地利的精神病學家維克多·弗蘭克（Viktor Frankl），他也是奧斯威辛集中營（Auschwitz）的倖存者。弗蘭克在這本書裡提到，意義的追求，是人類主要的動機來源，就連在最慘無人道的奧斯威辛集中營，人們仍努力追求著意義。弗蘭克說，意義，正是快樂之所在的關鍵。

他在這本書一九八四年版的跋寫道：「美國文化的特色就是一再命令或要求別人『要快樂』。」然而，快樂不是從追求而來的，快樂是跟在某事之後而生的，也就是說，「快樂」一定要有理由。一旦找到理由，自然就能快樂。弗蘭克說，即便在看起來不可能找到理由的狀況下，還是可以找到快樂的理由，比如「在絕望環境中的無助受害者，面對無法改變的命運，還是有可能超越自己，超脫當下的苦境而有所成長，也藉此改變了自己。」

這種認為快樂不只是享樂的觀點，有極為古老的淵源。古希臘哲學家亞里斯多德把快樂置於他的倫理思想的核心。他標舉的是*eudaimonia*，這個字彙很難翻譯，字意不易掌握，大致上認為快樂是一種精神特質，絕對不是只有吃吃喝喝。當代學者通常把*eudaimonia*一字譯成「繁榮興茂」，重點在於這不是一個被動狀態。它是一種充滿主動性的活動，而且著重於美德的習慣性實踐——美德正是構成美好人生之要件。不在於你是什麼，而在於你做了什麼。正如亞里斯多德在其哲學著作《尼各馬可倫理學》（*Nicomachean Ethics*）中所言：「這種活動必須佔據人的一生，因為一隻燕子和一日晴朗不等於一季春天；一日快樂和短暫享受不能帶來一生的恩典和幸福。」

熙恩非常同意這種觀點，她笑得前俯後仰，說：「對，我完全就是*eudaimonia*這一派。」

熙恩‧海沃德把她在學術象牙塔所學的東西，跟她自己的生活奮鬥歷程加以結合，來面對這個經常很殘酷的世界。在學術圈，無論研究大樓多麼金碧輝煌，無論師資多麼厲害，都無法回答她所說的「那又怎樣？」的問題。呼應第一章那位由音樂家變成警察的艾德‧考克森的故事，對熙恩來說，能否對這類「那又怎樣？」的問題提出有力的回答，構成了她人生的主要意義和快樂來源。她正在接受心理治療訓練，期待那會是和學術研究經驗不同的訓練。在學術上，她希望對於「什麼是快樂，以及什麼可以讓人快樂」這個問題有更多的知識基礎；而在臨床經驗上，她希望可以幫助別人「碰觸到快樂，感覺到快樂，活得快樂」。她日前接觸到盧安達種族屠殺的倖存者和泰國大海嘯的災民，而正在處理加州一些越戰退伍老兵的創傷後壓力症候群。

你可以看到，熙恩提到了她的工作時，整個人在發亮——原因很清楚。因為在她身上，匯聚了我們在前面提到的各種改變方式。她說像她這樣的人生故事是非常有力量的，可以讓那些仍深陷創傷中的人看到新的選項、新的信念，甚至成為想像的催化劑，幫助他們改變。人的改變，是一種神祕、直覺，有時又像天啟般的過程，這種靈光一閃的時刻，我們在這本書中已經遇過很多例子：由流氓變修士再變成商人的帝迪爾．隆恩、從自由世界奔向東德共產世界的莎洛米亞．蓋寧。此外，熙恩也提到，這個改變的過程需要持續地努力，也需要學習新技能和培養新習慣。而這些是很實際的，需要刻意的參與，重點在於去做，不在於狀態如何。不論是我們自己的改變，或者幫助別人改變，都是如此。就像自己主動站上橢圓機開始做運動、在十八個月內減掉一百一十四公斤的麥可．沃德比，以及致力於推廣減重的保羅．艾維亞博士。這些都是亞里斯多德所說的 eudaimonia（繁榮興茂）的好例子，他本人想必會同意我這麼說。

在熙恩滑著輪椅去上課之前，她說了一段足以迴盪人心的話：「不是所有人都想要改變，不過，我想，只要能察覺到生命很脆弱，會有結束的一天，或許就能點燃心中的火，讓你採取行動。我改變，是因為我明白，如果我只是被動接受命運，我很可能不會喜歡發生在我身上的事，而且我知道，對我來說，被動接受是不夠的，我想要主動參與，創造生命。生命是有時限的——」她抓起毛衣和桌上的一本書，把它們放在大腿上：「所以，我得行動才行。」

第四部

我們真的改變了嗎？

第16章　我就是這個

我住的地方位於林木蓊鬱的河谷地，有一條從來不曾乾涸或歇止的河流切鑿出深深的谷地。或者，該說這條河流是幾乎不曾停歇，因為曾經有一次它停止不動了。幾年前的冬天，在一波漫長寒流的尾聲，有天下午，河流上游形成的流冰一塊塊像馬賽克圖案一般擠著，堵住了水道，一動也不動，卡了三、四個小時，彷彿要讓古希臘哲學家赫拉克利特難堪似的（是誰說河流永遠流動不歇的？）。理性上我們知道巨大冰塊底下的河水仍流動著，但這種奇景讓人覺得彷彿有根看不見的手指按下了遙控器，讓大自然的時間暫停了下來。大家把車停在橋上，觀看這景象。有人下車，身子探到橋的欄杆外，拍下照片。有人說，老艾伯特記得他小時候河水也停止流動過一次，那是八十年前的事了。我自己則想著，趁著河流不動，直接走過河應該會很有趣，不過這念頭很不負責任，加上我是個成年人了，所以我沒說出這個念頭，不過我確實好奇，說不定這真的行得通。

那個冬天，我看著現在已垂垂老矣的父親躺在床上，頭側向一邊，視線穿過床的鐵欄杆，看著從敞開房門射入的陽光。剛好那天早上，我才看見他五個孫子當中最小的那個也做了同樣的事，只不過那孩子的視線穿透的是嬰兒床的木欄杆，看著早晨第一道陽光底下閃爍飛旋的細塵。我心想，我深愛的這個老人，是否仍記得他在嬰兒車裡的片段記憶。我心頭一驚，忽然想到一個從來沒想過的念頭：區分嬰兒和老年狀態，但同時又連接這兩種狀態的，不過是時間啊，一天又一天的時間。不管一個人經歷什麼樣的改變，或者做過什麼樣的改變，嬰兒時的他和八十年後老耄的他，仍是同一個人。這是一種蛻變，也是一種奇特的連續狀態。但我也沒把這想法說出來。

我之所以在這本主題不是我的書中提到我自己，是因為，若要談身分認同，若能在「我」和我所認識且摯愛的人這種較親密的脈絡之中會比較好談。請試著找一張小時候的照片，回想當時的你在想些什麼，有何感覺，那個小孩是誰。我找到一張我和母親的合照。照片裡的母親差不多是我現在的年紀，身穿一件搶眼的格子罩衫，罩衫上有一九七〇年代那種獨特的長型衣領。那時我兩歲，穿著綠色的花朵圖案洋裝，搭配白長襪——其中一隻襪子已經往下滑——依偎在母親的腿旁。我沒印象這張照片是何時何地拍攝的，老實說也不記得當時的我有何感覺。就算模模糊糊有點印象，也可能是我虛構的。事實上，那個兩歲小女孩早就消失，但我確實記得她是我的過去，不是別人的。那樣的過去，就像是地磁北極，以它為中心，我過著生活，經歷各種自然而然的變化和刻意採取的改變。我總覺得對過去的那個小女孩有所虧欠，但不確定到底虧欠什麼。

這樣的改變，是許多書名類似《七天內改變人生》這類實用書籍不會涵蓋的。然而，它是蛻變故事的最基本要素。改變，出現在種種對於「我是誰」的認知的界線邊緣。改變極為神奇且神祕，因為，不管怎麼改變，我們永遠不會變成另一個人。改變，只在身分認同的脈絡下才有意義，因為不管怎麼變，我們始終是同一個人。毛蟲和蝴蝶是同一隻生物。因此本書裡這些關於改變的故事之所以能成為故事，都跟連續性有關。

十八世紀的哲學家約翰・洛克（John Locke），也是一位頭腦清楚的啟蒙時代經驗主義者，他跟大衛・休謨一樣沒結婚沒子嗣。然而，洛克的身材跟矮胖的休謨不同，他長得高瘦，雙頰凹陷，一雙深邃的眼睛放在那顆頭上顯得過大，在每一張現存的洛克肖像中，他的下顎模樣看起來就像吃了一口不如他預期中好吃的東西。

或許就是他這種略帶不舒服的表情，所以後來出現了一個哲學問題與他有關：約翰・洛克的襪子。這個哲學問題可說是「特修斯之船」的洛克版。（特修斯之船：傳說中雅典國王特修斯的船，船板被逐一替換後，這艘船仍是同一艘船嗎？）「約翰・洛克的襪子」這個故事可能是軼事，在他的著作和可能是偽經的書籍中都沒出現，而它確實讓人想起改變與連續之間的矛盾性：這種矛盾性，是我們在回顧自己的生命時也必然都要面對的。「約翰・洛克的襪子」是這樣的：約翰・洛克有一隻襪子破了洞，他生性節儉，把襪子縫補之後繼續穿。之後又破洞，他又加以縫補。出現第三個、第四個洞，最後這隻舊襪子愈補愈小，這時問題來了：補到什麼程度，哲學家那隻縫補過無數次的襪子就不再是原來的那隻襪子了？正在改變中的狀態，何時會變成已經改變了？

事實上，學術意義的哲學不太費神處理個人的改變過程，它看重的是另一個極端的討論：我們如何保持同一性？是什麼讓我們在經過了時間變化之後仍然是同一個人？約翰．洛克雖然是這個領域的思考先驅，不過他的討論也是出於這種學術意義的哲學。他對這個襪子／船的悖論提出的解決方式，是先區分出人的本體在物理意義上和在概念意義上的不同；在概念意義上的人，能從自己內在的心理活動延伸而觀照出自己之所以為自己。

為了詳加說明，洛克構思了另一個思想實驗，這個就確定是他本人提出來的了：把一個王子的靈魂、思想、記憶全部都轉移到一個補鞋匠的身上，而補鞋匠本人的靈魂則離開他的身體。（我知道這聽起來匪夷所思，不過請跟著我一起看下去。）洛克認為，雖然王子置身在一個截然不同的軀體中，但他仍認為自己是王子，因此仍然具有同一個人的本質。區分點在於：人是由他的意識和他的記憶連續性所形成，而非他的肉身。這樣的哲學思辨從洛克開始，延續到休謨，經歷幾世紀直到今天，哲學家仍然辯論著：當一個人改變之後怎樣看他還是不是他？究竟是身體凌駕於心靈之上，或者心靈凌駕於身體？

「洛克的這個想法有個問題，你很難區分假回憶和真回憶。你得有類似審計追蹤的文件紀錄才能辨別真假回憶，而能夠提供這種審計追蹤紀錄的是身體。記憶是一種龐雜的任務，你只能記住片段，有時你記住的是討喜的片段，有時是你做錯事的片段。不管記住的內容是什麼，它總會被你後來聽到的說法或者你聽到的故事覆蓋。」

雷蒙·塔利斯（Raymond Tallis），一位優秀的醫生、哲學家兼老派的博學之士，現正坐在曼徹斯特市中心一間旅館的酒吧裡，眼前放了一大杯灰皮諾葡萄酒。從旅館的擴音系統播放出響亮的音樂，那是創作歌手火星人布魯諾（Bruno Mars）的歌曲。塔利斯教授剛才措辭客氣地問了侍者，背景音樂可不可以關小聲一點，不料那女侍面無表情，冷冷指著空無一人的酒吧說她還得顧慮其他客人呢。「沒關係。」雷蒙以爽朗的口吻對著她已經轉過身的背部說：「我們自己想辦法，謝謝。」說完，他沉浸在蕪雜的回憶中：他五歲時，弄翻哥哥替他用沙子蓋的城堡，開心得像是無政府主義者；幾年後，他第一次在英國聖艾夫斯市（St. Ives）見到了海，深深驚歎；一九八〇年代，他和妻子及當時仍是少年的兒子走在海灘上的快樂感覺；七〇年代，有個嬰兒被送到他任職的醫院的意外急救部門，卻忽然死掉，他深切感到遺憾；六〇年代初期，彼時還是少年的他，有一天看著魚網，沒來由地被一股存在焦慮所籠罩，雖然現在想來仍難以置信。雷蒙優游在一段又一段的回憶中。

塔利斯是英國最優秀的老年學專家，但他在三十六年的行醫生涯中也寫出了二十多本哲學著作。他通常是在介於凌晨五點到去國民健保署上班之間的這段時間寫作。他從少年時期開始對哲學產生興趣，一開始是為了舒緩十五歲那年看著魚網時忽然湧上的存在焦慮。後來他當了醫生，哲學使得他可以把人的概念延伸，不只是把人看成一個出生然後死亡的醫學有機體，而是賦予多一點的驚奇、複雜和人性經驗的美感。他說，哲學對他而言，是「一種純粹的喜悅，讓尋常的清醒時間變得令人稱奇」。

他的哲學思想，累積於他自六〇年代中期以來就持續寫著的數十本筆記。他從公事包拿出其中一本黑色精裝的筆記。「Pensées，我稱這些筆記為沉思錄。」他說，然後笑得前俯後仰。「此外，我還寫好多好多的日記，非常多，不過要寫到後來才開始有焦點。對我來說，這是一種可以暫時脫離自我的好方式。哲學是一種習慣，一種避靜方式，也是一種志業。」

塔利斯一開始答應要與我見面談話時就先聲明，他的多本談論個人認同的著作也跟其他哲學家一樣，關注的是同一性，而不是改變。他自己生命中的改變——他說，他的改變可多了——主要是來自同時存在的自我的不斷增生，而不是一段一段切開的生命階段。塔利斯是醫生、是哲學家，也是詩人（他確實寫詩），他是兒子、是丈夫，也是父親。

「每個人都有很多微型角色，你是這所有的微型角色的總和，而且每一個微型角色也都在轉變。你把這些角色以及這些角色該有的表現加以內化，你永遠不會只是單單一種角色，你不會這麼好命。你有多重角色，有一整組的自我，所以，對，有很多的改變，但也有很多的持續狀態。我感覺到自己一方面像是有許多碎片的膠狀懸浮物，同時我又是非常凝聚合一的。」

雷蒙．塔利斯花了二十多年的時間在思考這種連續性、這種凝聚合一性，也涉獵了各種既有的哲學理論，從洛克、休謨，到二十世紀中期那些狂野的科幻思想實驗，比如把腦袋切半，移植到不同的頭顱上、掃描破壞整個身體、把攜帶訊息的光束投射到外太空中，讓人在那裡重新組成但保有思想的完整——直到近期的物質主義者所主張的：人只不過是軀體，別無他物。但雷蒙不這麼想，他認為我們人類是宇宙當中唯一一種可以在過去、現在和未來之間有深刻連結的實體。他咯咯笑著說，這是一種「時間深度」（temporal depth），或者一種「肥厚的當下」。根據雷蒙的說法，這種「肥厚的當下」餵養了身分認同的直覺，讓人感受到「我」這個存在，這個我不會抗拒改變，而是會吸收改變。

「我就是這個。」（That I am This）雷蒙忽然說出這麼一句，並以指尖拍打他那件花呢外套的翻領，然後伸出雙手，看著。他停頓。而他的話慢慢沉澱進入我心裡，這時背周遭來布魯諾一首關於愛的歌曲。「若說我有什麼基本思想，那應該就是這句令人驚奇的話：我就是這個。妳知道嗎？我記得第一次感受到這句話是我在哈佛念書時，和我朋友克里斯站在我們的住處外。我們一起合租一處廉價的閣樓，那裡終日瀰漫著高麗菜湯的味道。那一瞬我忽然有一股強烈的感覺，我就是這個，我就是這個。我想，從此之後，這個頓悟就成了我所有思想的核心。這是關鍵點，是建立身分認同的時刻，它可以整合所有東西，包括一長串的記憶，妳知道嗎？也包括生物有機體。」他伸手扯了一束鬍子，那力道恰足以把下巴的皮和肉分離片段。「我的意思是，無論你怎麼變，連續性永遠都在，就像內在被針線密密縫合，不管怎麼變，你永遠不會斷裂。」

這位哲學家醫生咧嘴一笑，喝了一大口酒，微笑看著他的思想跟我先前做過的諸多訪談有所共鳴：帝迪爾・隆恩和他的「一生」、艾德蒙・考克森及他仍在手指上彈奏的人生、艾琳娜・西蒙的「同一個丈夫、同一張臉」、宣德勒・海瑞恩的「失明時的習慣」、麥可・沃德比和「那個永遠和我在一起的兩百零八公斤的傢伙」、雷・畢夏普和「真正的雷一直都在」。有些人害怕，若採取改變就會需要捨棄掉一些自己，覺得「改變」是一件很陌生的事，要走進不友善的狀態裡——這些人只要來找雷蒙・塔利斯喝一杯聊一聊，他應該會鼓勵你往前走，去改變，因為，你仍然會是你。

第17章 重生的進行式

「拿著。」雷蒙．塔利斯遞給我一本他的詩集：「老實說，我還真不好意思把書給出去。」一語畢，他大笑，並在標題頁上簽名。「謝謝妳，跟妳談話很愉快。」我為這本書的寫作進行各種訪談，整個研究過程中收到了各式各樣的珍貴紀念品。香港民運人士劉慧卿送我的那條象徵愛與和平的黃色緞帶，艾琳娜．西蒙的黑膠專輯，艾德．考克森擔任提琴手的那個管弦樂團所錄製的荀白克（Schönberg）作品的DVD。以及後面很快就會出現的受訪者送了一株罕見的雪花蓮給我，現在種在我的花園中。不過，最重要的禮物，是看到了書裡這些人物在他們改變中和尚未改變之前的各個階段所拍下的許多照片。

小海帕萊特・奈提古瑞瓦和哥哥，在盧安達種族大屠殺的三年之後站在學校拍了一張照片，照片中的他穿的是苔癬綠上衣，就是他接受我訪問那天所穿的衣服顏色。因意外而腦傷的彼得・霍爾姆斯，在水上摩托車意外發生的前一天，與雙胞胎兄弟及姊姊在舅公的果園裡拍了照，沐浴在陽光下。二十一歲的熙恩・海沃德，坐在紐約市的一間酒吧內，全身上下散發出亮眼模特兒的氣質，完全看不出來日後她就不能再走路。而現在圓臉的帝迪爾・隆恩，則有一張照片顯示他五官消瘦的模樣，他穿的是馬可弟兄身分時的長袍。因病失明的宣德勒・海瑞恩三歲時拍了張黑白照，照片中的他面無笑意，看起來害羞拘謹，他如今已故的父親把手搭在他的肩上。

還有一張也是黑白照，這是薇蕾特（Violet K）還是蹣跚學步娃時拍的照片。她穿了一件白色連衣裙，兩片小圓領，衣服上半部有著刺繡花紋，蓬蓬袖，兩隻肉肉短短的小手垂在身體兩側，臉上露出期盼又癡迷的表情。她站在一間比例完美的起居室裡，室內有幾盞偌大的立燈，牆上掛了幾幅畫。她看似望向窗外，彷彿外面的世界正等待她加入。

——

「第一次愛上它——即使是很多年以前的事，現在談起來，還可以感覺到它在我的身體內的感覺——」薇蕾特在過了四十多年後談起了「古柯鹼」。她閉上眼睛半晌。「我甚至記得第一次是在哪裡遇見它的。那天是星期一早上，前晚我們已經吃了整晚的搖頭丸，那是在格洛斯特路某人住處的廚房裡。我們把古柯鹼放在錫箔紙上，讓它燃燒，吸它的煙霧。其實更好的方式是放在管子內，這樣吸起來比較集中，不過那時是一九八六年，我只是個孩子，十五歲左右，哪懂什麼吸食管，只會在錫箔紙上弄這種透明液體。我還記得，吸進來後，感覺好純淨，好輕鬆，忍不住啊～～～的喟嘆——」薇蕾特發出親暱的吐氣聲：「——不可思議，我想永遠都有這種感覺。那感覺就像你一直吸氣、吸氣、吸氣，直到肺部充滿氣體，然後你被一種很有力的東西給佔據，我不知道還可以怎麼形容那種感覺。以現在的我來說，最接近那種感覺——雖然跟那個感覺實在相差十萬八千里——最接近那種感覺的時候就是游泳時。游泳游到夠久的時候，我會感覺到肺部擴張，感受到運動帶來的化學亢奮感。對，那感覺就像吸入生命力和力量，彷彿自己天下無敵。」薇蕾特微笑，打了一陣寒顫後，把一條粉紅色的羊毛圍巾披在肩上。「所以，等到我吸食海洛因時，我對它的品質頗失望，因為那感覺完全不同。當然後來海洛因也成了我的愛，不過我一開始先迷上的是古柯鹼。那種感覺真是美妙難喻。」

吸食古柯鹼之後一年，薇蕾特在十六歲時首次嘗試海洛因。她是從一個女孩那兒偷來的，那時她們兩人一同住在巴塞隆納的一個旅館房間——她們在房間裡狂歡了好幾天。「後來我跟她一起吸食她的海洛因，但我假裝那個海洛因是我的。」薇蕾特說，口氣像是切割玻璃那樣精確冷硬。「問題出在我渴望和別人有連結，建立親密的人際關係，但我是透過毒品和性來達到。一個少女若沒設下分寸和界線，會發生的事情可多著了。」她給我一條頗有品味的蓋毯，讓我蓋住膝蓋。「很冷吧？」

與她的談話一開始，我分不出薇蕾特是不是有意要讓我吃驚，因為她說的是像這樣的：「我四周都是有錢人，但我自己沒錢，那我就趁著繼父洗澡時，從他的皮夾裡偷錢。」還有：「有個男人喜歡我穿著很尖很細的細跟高跟鞋，狠狠地踢他，我每一次踢他，他就給我二十英鎊，所以我就不客氣了。」星期一的一大早聽到這麼坦白的話，更讓這話語顯得不平靜。尤其此刻場景是在古典雅緻的喬治亞風格房間裡，而說出這些話的人是一個受過教育，口才便給的女性，她還會關心你冷不冷，你的茶要不要加糖之類的。然而，接下來幾小時，我愈來愈清楚薇蕾特跟我說這些不是為了要驚嚇我，而是她的那段過去實在太鮮明，而這樣毫無遮掩或修飾的赤裸坦陳正是她自我療癒的一部分，也是能帶她走出過去的原因。但，等到再知道一些她的經歷之後會發現，在肯辛頓吸食古柯鹼或者在巴塞隆納飯店房間嗑藥到嗨的事情，其實算是健康的了。

薇蕾特成長於倫敦，她的父親在倫敦市騎士橋區（Knightsbridge）的中心點開了一家酒吧。從這句話你可以約略知道薇蕾特的童年是雙面並立的，一方面物質優渥，另一方面頹廢破落。她有保母照顧，上最好的私立學校，在該地區隸屬於上流社會，然而她家樓下就是酒吧，這也讓她習慣了早晨就見到樓梯上躺了一個個醉漢，星期四目睹脫衣舞孃進出，也見到父親的酒吧在政府規定的打烊時間關起門，但繼續非法營業，當然還有橋牌賭局。這種有三教九流進出，遊走法律邊緣的生活樣態，日後對薇蕾特產生了吸引力。

「那種環境，就是我的成長土壤，不是嗎？」她說，聳聳肩：「我從小生長的環境被我內化了，酒醉、性、散漫放蕩、逃避、迷幻。我到現在都很喜歡香菸的氣味。」

父母的婚姻失敗後，母親離去。這時薇蕾特的年紀已夠大，開始意識到自己在那所位於高級住宅區思隆廣場（Sloane Square）裡的私立菁英女校中的階級和差異問題。她說，她逐漸對自己成長的背景感到丟臉，覺得自己出身邋遢。幾年後，進入青少年的叛逆期，她愈來愈覺得無法融入她那些光鮮亮麗的富家朋友，而下流生活的熱鬧卻吸引著她，兩者之間的拉扯日益加大。

轉捩點發生在薇蕾特十二歲那一年。她因著哥哥之故看了一部不被列為主流的小眾電影，《墮落街》（Christiane F），這部根據真人真事改編的電影，描述十四歲少女克莉絲汀在一九七〇年代的柏林染上毒癮海洛因，又成為妓女的故事。

「我那時覺得那是我這輩子見過最酷的事。」薇蕾特說：「危險、性、黑暗，還有我喜歡的大衛．鮑伊的配樂。我根據那部影片，建構了一個幻想世界。我不想走上我應該走的路，也不想聽別人說我該怎麼做就怎麼做。喔，薇蕾特，妳很聰明，應該當醫生或律師。不要。我想的是，我要成為克莉絲汀，那才是我要做的事，我要成為她。因為，我根本不認同我周遭的那些人。」薇蕾特望向窗外。週一早上緩緩露臉的太陽，一點一點溫暖了外頭的金色石砌。「那時我十二歲，到了二十二歲，我多多少少已經變成克莉絲汀了。妳知道嗎？派丁頓車站、蘇塞克斯花園、國王十字街。」她笑著伸出手指，細數倫敦著名的紅燈區。「到後來，我真的覺得我化身成了克莉絲汀，我知道這聽起來很怪，但我記得有一次，我翻我媽的抽屜想找錢去買毒品，我還記得當時我心想，哇，這是她做過的事，她也做過這種事欸。就這樣，我不斷墮落，墮落，墮落，墮落，最後真的掉到了最髒的底部，染上了海洛因毒癮。我想要過《墮落街》電影裡的生活。有時候我會抗拒這種日子，但每次一覺得我是在演自己的電影，日子就變得容易了。」

英國詩人威斯坦．休．奧登（W. H. Auden, 1907-73）在其著作《焦慮的年代》（*The Age of Anxiety*）中寫道：「人類必然是演員，但必須先裝作是某個角色，否則無法成為那個角色。」你可以說這是一種認知失調的反應，但這確實映照了薇蕾特墮落到染上毒癮，以及她在二十年後重新做人的歷程。

從看到《墮落街》電影，到跟肯辛頓區那些家境優渥的頹廢孩子一起吸食古柯鹼，只花了兩年時間。然後，薇蕾特輟學了。學校的訓導主任來訪多次，她和母親也起了多次爭執，但對她完全起不了作用。兩年多後，她開始吸食海洛因，也開始陪酒賺生活費，後來在倫敦黃金地段切爾西區（Chelsea）的一間高級披薩店當女侍。「那裡有個女服務生，也是來自上流社會，她教我該怎麼當個毒蟲。」薇蕾特說，「那種上道的毒蟲」：知道該如何注射毒品、如何控制劑量、如何吸毒、如何從別人的衣服扒竊——假裝不小心弄髒了衣服，在把衣服還給主人時趁機摸走口袋裡的錢。或許，下一步不可避免就是出賣靈肉，畢竟這可以確保經濟來源。《墮落街》所提供的藍圖，想必也如此建議吧。

「大家都會越界，不是嗎？」薇蕾特這麼說：「以各種方式越界，不管是好的或壞的。如果你的毒癮上來了，你就不會在乎是否越界，你在乎不了，因為你會被逼到絕境。染上海洛因毒癮的人，毒癮一來時，會千方百計讓自己不覺得是陷入了絕境，而這通常要用到錢，所以，到最後我就當妓女了。」薇蕾特笑得很大聲：「說起來不可思議，對吧？但最後，我錢賺得很多，賺得非常快，不過這種工作說起來當然很不體面，但錢可是十英鎊十英鎊進來。」

一般人若是坦白說起這種事，應該會面無表情才是，但薇蕾特顯然感受到了什麼，使得她主動說些有小小安慰作用的話。

「對，我知道這聽起來讓人作嘔。」她說，身子往前傾：「不過，我在街上拉客的時間並不長。通常我只要賺到一百英鎊就可以過到隔天晚上。然後，妳知道的，吸了海洛因，就不會再有其他的需求。吸食海洛因的人就像小寶寶，一群人舒舒服服窩在床上，但不會有性，可以只吃沖泡式即時粥過日子，就是嬰兒食品，妳知道吧？我就是會退化成那種狀態。所以，對，當上了克莉絲汀也是有危險的，比如在街上拉客、順手牽羊、偷包包。不過也有像小寶寶的一面，窩在毯子底下，好舒服，好有安全感，好舒適。」

她低頭，撫平膝蓋上的毯子，然後繼續低著頭說：「當然，最後你會發現這種舒適安全感其實是假象，因為有人會為了毒品從背後捅你一刀，這種事我自己就幹過。所以，到頭來，只有難以言喻的寂寞，害怕永遠無法成為任何群體的一份子。」她抬起頭，說：「我們可以休息一下嗎？」

薇蕾特捲了一根菸，走到有鑄鐵欄杆的小陽台抽菸。然後，她點燃了線香，煮了一壺水，準備泡茶。稍早前她說，再過九天，就是她戒毒的七週年。這會兒見她在廚房忙進忙出，泡製各式各樣香草茶，那模樣看起來真不像是曾經吸毒二十年，當過妓女，還犯下一些小罪刑（雖然都不至於讓她坐牢）。薇蕾特一邊擠壓杯子裡的薄荷茶一邊說，這就是外人通常誤解的地方，其實他們這種人不是走在什麼單一的軌道上往上或往下。她以非常堅定的口吻說。對薇蕾特來說，改變不是這樣的。一開始先是出現了想要改變的欲望，後來才有改變的事實，就算改變了，也不表示抵達終點，因為改變是一種終身的活動。

她從二十歲出頭就進出勒戒所多次。「進去出來，進去出來。」她說：「反覆不斷。戒毒一年，毒癮再犯，戒毒兩年，毒癮又犯。」有時，她會和那些找樂子的上流社會人士一起派對狂歡，有時又完全不去派對；有時她會去國王十字街找恩客，只為了買一次的海洛因。進出這幾個不同的世界就像洗牌，交錯混雜。毒癮治療的傳說中的「最谷底時刻」，薇蕾特冷冷地說：「我經歷過幾次。」

最後一次是二〇〇七年十月，她三十六歲那一年。最後這一次讓她傷得很重，談到這段時，她才首次談起她當時十歲的兒子賽巴斯汀，這孩子是她在戒毒期間所生下的，出生後斷斷續續跟著她過生活，但那一年，由於她重新染毒，賽巴斯汀就搬了出去，從此跟著他的父親生活，為此薇蕾特幾乎崩潰。這之後幾個月，她住在伯爵宮區（Earl's Court）願意收留遊民的小旅社，領取兩週一次的失業救濟金，但這些錢只夠她買一次的海洛因、穀物片——牛奶則是用偷的——然後再向住在附近的前男友買一週分量的戒毒替代品美沙酮。她說。她把這罐美沙酮放在床底下，每隔一陣子就用它來讓自己不省人事，醒來之後，又喝更多，然後再次吸毒。「就像活在昏睡狀態中，」她說：「悽慘人生莫過於此，寂寞孤單地存在著。」就是在這種絕境中，薇蕾特的生命終於開始要變了。「我就是知道我非得做點什麼，非得讓毒品遠離我的生活不可。就這樣，就是這時候。」

前面提到，偉大的哲學家傾向於把腦力放在思考我們如何成為我們現在的樣子，而不是我們如何改變，但有一人是例外。十九世紀末到二十世紀初的法國哲學家亨利・柏格森（Henri Bergson），蓄著工整的八字鬍，衣領非常漿挺，一雙模樣特殊的眉毛彷彿有自己的思想。柏格森教授在一九一一年五月來到英國牛津，在考試學院（Examination Schools）發表了兩場題為「改變的感知」（The Perceptiono of Change）的演講。

「重點是，」他告訴全神貫注的聽眾：「我們經常看著改變卻沒有真正看見它。我們談論著改變，卻沒有好好兒思考它。我們說……改變是一切事物的定律，對，我們這麼說，而且一說再說，但這些只是詞彙，我們依然當作改變不存在似的在思考、做哲理論述。」

然後，柏格森並沒有採用奇怪的思想實驗（如船、襪子和補鞋匠）來陳述他的中心論點，而是伸出手，在半空一畫，他說：從A點到B點。他這個瞬間動作所要傳達的重點，正是本書內的主角一再努力的目標。我們在理解「活動」（movement）是怎麼一回事時，傾向於把它分解成一系列的靜止狀態，以為認識了每一個靜止狀態，就知道了什麼是改變。但這樣做是錯誤的！這個法國哲學家大聲說，活動本身就是真實，而靜止的狀態是想像出來的，完全無用。

「我曾討論過活動，」柏格森做此結論：「而對於任何改變，我也可以用活動的概念來陳述。所有真正的改變都是不可分割的。我們喜歡把改變視為一個一個明確的個別狀態經過時間之後形成的線性連續體……然而，可見到的、躍動中的實質改變，莫過於我們內在生命的連續旋律……我們的人格也正是如此。」

—

改變是一種不可分割的真實，是一種連續體而非到了定時就可抵達的目的地——這種概念，在柏格森那場著名演講之後的一百多年，重現於倫敦郊區一間教堂的潮濕禮堂中。

晚上七點鐘，全世界的戒毒無名會（Narcotics Anonymous）每周共計超過三萬場聚會的其中一場，正要開始。今天這場是公開聚會，因此規模稍大，屋裡大約有六、七十人。大家坐在鐵椅上，排成半圓形。要不是禮堂橫樑上掛了長條油布上寫著十二步驟戒毒法和十二個傳統，一時真看不出這是一群想要戒毒的人所組成的聚會。

其中一個年輕人，身上散發出刮鬍後塗抹的古龍水氣味，他打扮光鮮，西裝筆挺，皮鞋閃亮。另一個女人是孕婦，她閉起雙眼，雙手環抱著隆起的腹肚。有個年長男子，臉頰凹陷——也許是缺牙所致——穿一件運動外套，拉鍊往上拉到下巴處。有個婦人看起來六十多歲，頭戴貝雷帽，身上那件休閒西裝外套的金色釦子映照出頭頂上方的日光燈。

一個五十開外，體型頗有噸位的男人站起身，自我介紹。「我是J，我有毒癮。」接著就說了十五分鐘——他的說話具備了TED演講那種真誠模式的所有特徵，簡直是一場完美的公開演講。他提到恐懼、孤寂，以及「他媽的瘋狂」毒癮。他提到這些聚會的戒毒同志帶給他的情感連結和愛，他們幫助他熬過不吸毒的一天又一天。整屋子的人個個面露微笑，喃喃表示贊同。他還說起戒毒無名會的人和外面的人往往會懷疑戒毒十二步驟所提到的「至高力量」，但對他來說，至高力量是指聚會當中的情感連結。「這裡非常棒，」他深吸一口氣，接著像抽菸般吐出長長一口氣：「對，這裡真的非常棒。」接著，出現了英國的十二步驟聚會中罕見的反應：眾人歡呼鼓掌。

接著，主持聚會的中年女士起身，有點面無表情，開始詢問她所說的「週年」。

「有誰三十年沒碰毒？」她問。兩隻手舉起，一陣鼓掌聲。

「二十年沒碰？」七隻手舉起，更多掌聲。

「十年到十五年？」多了五隻手，掌聲不斷。

她繼續問，一直問到「誰三十天沒碰毒？」這時有六、七個人舉起手，也響起今晚最熱烈的掌聲，這些剛洗心革面的人帶著怯怯的笑容環顧四周。接著是兩分鐘的「分享」，這些分享，有人說得條理分明，有人談起最近的痛苦艱辛，有人則是長篇大論談著過往的高潮和低潮。每一個人的開場白都是「我叫XXX，我有毒癮」，無論已戒毒多少個月或多少年。每個人說完之前，都自發地說「謝謝」，而會眾則以「做得很好」來回應。然後大家站起來，手牽手，一起說出全世界每一場戒毒無名會或戒酒無名會的聚會到了結束時要說的祈禱語，「你所得到的都歸屬於上帝」。這句話等於莎洛米亞・蓋寧（十四章）在柏林的那個漫長夜晚所引用的話：「請給我平靜，讓我去接受我無法改變的事，給我勇氣去改變我能改變的，且給我智慧讓我能分辨兩者的差別。」說完後，大家走向黑暗的街道，往各自的方向去。

戒酒無名會的十二步驟是自一九三〇年代發展出來，現在這套方法應用在全世界所有的戒癮療程中。這套方法的特別之處在於，它的過程雖然是「一步一步來」，但康復這件事是沒有終點的。即便你已經改變了，沒碰毒或酒幾十年，但來到這裡的聚會時，你站起來時仍然說「我有毒癮」，這句話就像雷蒙．塔利斯說的，「我就是這個」。

對外人來說，這可能不易理解，因為這就好像一隻蝴蝶站在幼蟲匿名會上說：「我叫艾瑞克，我是毛蟲。」嗯，明明就不是毛蟲。就像亨利．柏格森伸手在空中一揮，這種改變是沒有靜止狀態的。改變中，或還沒改變，都是一種實相，是一種沒有終止日的過程。而這正是這類每週一次的聚會之所以能產生力量的源頭。十二步驟成為戒癮協會的主導作法，這一點在某些地方受到質疑，因為光靠這套做法所達到的戒毒成功率其實很低。然而，對於已經成功戒毒的人來說，在這種團體中一週又一週維持著成員的身分，可以確保他的改變維持著，而這種方式對薇蕾特也有效。

「對，我去過戒毒無名會。」薇蕾特說：「有時去，有時沒去。要說是戒毒無名會解救了我的生命，或許有點太過簡化，應該說是絕望讓我重新振作，救了我的命，讓我決心非改變不可。我認為，不是戒毒無名會使我戒了毒，但戒毒無名會幫助我持續不碰毒。」

薇蕾特跟本書提到的許多人物一樣，在改變的初期也必須靠自己願意踏出去。她在嚴寒的十月天願意把自己拖離小旅社，走到伯爵宮路的網路咖啡館，在那裡寫電子郵件給一個老朋友——寫信寄信的過程屢屢遇到問題。幾年前她曾和這位朋友一起吸毒，不過她知道他後來去了愛爾蘭的西部荒野海岸，在那裡過著完全不碰毒的生活。她寫信問他，能去找他嗎？畢竟，改變不只牽涉到內在旋律——如柏格森所言——也牽涉到創作出旋律的外在和聲。

「我知道我必須離開原本的環境。」她說：「待在倫敦的話，我沒辦法重新開始。這裡太危險，誘惑太多，所以我的姊妹幫我買了張飛往愛爾蘭諾克村的機票，我就從那裡展開戒毒之旅。」薇蕾特的臉扭了一下。「其實我很討厭這種說法，但情況就是這樣。我必須改變我自己，但這不是改掉我的本質，而是改掉我多年來累積的淤泥。總之我開始戒毒，那過程很辛苦，但我知道這樣做才對。跟我那位朋友待在愛爾蘭西部的荒野康尼馬（Connemara）一處小木屋中，我覺得很安全，一旁還有他的兩隻臘腸狗和壁爐裡燃燒的煤炭作陪。他的日常習慣到後來也變成我的習慣：早上一杯茶，生火，四周是大自然的鮮明美景，毫無人造餘物。那就是我需要的，真實的生活和與人的連結。我心想，對，我可以從這裡開始，我的人生可以重新開始。」

薇蕾特說，剛去那裡不久，她曾經回倫敦一次，而且回來不到幾個小時就弄到了毒品。「那是我最後一次吸毒。」她說。吸完，她立刻飛回愛爾蘭，這次一待就是十八個月。

然而，重生的愉悅和鄉村生活的新奇感還是敵不過某種更深層的東西。「我還需要一些東西。」薇蕾特說：「除了這種濱海世外桃源的小日子，我知道我想要過像樣的生活，有男朋友，有工作，而現在我知道那種生活是什麼樣子。」

二〇〇九年末，薇蕾特回到倫敦，開始接受心理治療師的訓練。她在接受我的訪談時已經拿到執照兩年。可惜，兒子賽巴斯汀仍沒能回到她身邊，不過，薇蕾特多數日子都能見到他，她說這樣也不錯。

至於毒品，薇蕾特堅信，她「非常」有信心自己不會再吸毒，「因為我已經把通往過去的那扇門關上了。那個過程很緩慢。」她停頓下來蒐尋合適的字眼：「但我堅持不做某些事情，不買毒，不吸毒，慢慢地，愈來愈容易，到後來，你根本不想要吸毒，因為你已經發現你一直在尋找的東西，那東西就是人、親密關係和愛。」

對薇蕾特來說，這三者的連結有一部分來自於戒毒無名會每週四到五次的聚會。她對自己許下承諾，要持續參加這些聚會，不要三天打漁兩天曬網。就算沒有戒毒無名會，她也徹底拋掉了吸毒的習慣，她說：「但我想，我會因此發瘋，或許會設法找替代品，可能是巧克力或男人。總之，我無法想像沒有了戒毒無名會，我會變怎樣。」她哈哈大笑。「重點是，這個團體取代了你拋到腦後的那些人，而十二步驟是我可以傳遞給別人的東西。把知識和經驗分享出去，可以幫助自己戒毒重生，所以，我持續去參加聚會，我在那裡會跟別人有連結，我覺得自己是其中的一份子，聚會結束時覺得收穫滿滿，所以，我幹麼不繼續參加呢？」

冬日的太陽升到了這時節該有的位置，映照著薇蕾特的一側臉龐，使得她的眼睫毛從銀色變成金色。她眨眼，靜靜地思考最後一個問題。我問她，她剛剛說的「把門關閉」是不是指她已經改變了，已經蛻變完成，已經可以很快就對毒品說「不」？

「所以，妳無法說那是七年前的事了，妳無法說它已經結束了？為什麼不行？」

長長的沉默。

「要怎麼說呢？」薇蕾特說：「要怎麼結束呢？這是生活，生活是整體的。我的重生過程跟我這個人是不可分離的。有時，聽到別人把他們的戒毒或戒酒過程說得彷彿是過去的事，對此我實在不明白。那個過程怎麼會跟他們現在的生活分得開呢？那些過程不是外在的，重生是在你裡面的。改變是在裡面發生的，而且持續進行著。」

第18章　悠長人生的時間向度

過去剛剛發生。就在你讀完薇蕾特對於過去與現在的觀點、翻頁來到這一頁的瞬間，當下已消失無蹤。一天的時光也是這樣溜逝。「每一天，我們都變了一些些。」小說家約翰・厄普代克（John Updike）在他的散文著作《論永遠當自己》（*On Being a Self Forever*）中寫道：「昨日之我已然死去。」。一週週、一月月、一年年，日子都從眼前有待發生的事物一點一滴變成消逝的過去。然而，這種想法讓人非常不舒服、感到痛苦，所以我們避免去想它。甚至，就像拖鞋穿暖了就捨不得脫下來一樣，我們抱著一種想法，以為過去是某種已經遠去的可愛或可怕的東西，而未來，由於無法立即可見，因此同樣是在前方遠處，你只看見自己在那裡的小小身影。那個未來十年、二十年、三十年之後的我，距離現在如此遙遠，所以即使我們明白，某些事情對於那個處於遠方的未來我很重要，但由於與那個未來我之間隔著一道大大的裂縫，使得我們經常難以感到與它的連結和對它的責任感。

根據南加州大學心理學家黛芙娜・歐伊斯曼（Daphna Oyserman）的說法，如果不能或者不願意把「當前我」和「未來我」視為一致，將會阻礙我們做出可以讓人生更美好的小改變，比如，無法存錢當退休金，無法照顧健康，不好好讀書。出於這種「對時間打折扣」（temporal discounting）的心理之故，我們會更重視當前的成本與報酬，忽視了未來的成本與報酬。不過，我們對時間打的折扣不是次次都相同，所以歐伊斯曼做了一個實驗，想看一看人是否可以改變對未來的心理參與感。她使用的方式不是進行頭腦的想像力體操，她的方式很簡單，就只是調整一下我們談論時間的詞彙。

她發現，「時間的計量單位是很重要的」。只要把未來的事件或里程碑用「細微」的天數來計量，而不是用「粗略」的月或年來計量，我們自然會對未來事件有更親近的心理感受；有了這種親近感，能夠隔著河谷就看到彼岸那個未來我的笑容，那麼我們就更容易對未來我伸出援手。其中有個諷刺性是，這種連續性的感覺會讓我們更容易做出改變，更願意做計畫，採取行動，開始存錢，讓自己變健康，做出任何一種能讓離現在不遠的未來更好更快樂的改變。不妨試試看，以天數來計算日子，運用一點想像的小技巧，就會有強烈的改變動力。

就像一首老歌說的，「日子流逝比你想像得還快」。

吉莉安・林恩女爵士（Dame Gillian Lynne）在她人生的第三萬兩千五百六十八天，以輕盈而筆直的姿態邁入她位於倫敦櫻草丘（Primrose Hill）的美麗客廳。她以舞者的精準步伐走向一張扶手椅，椅子的前方擺了一張藍白色相間的腳凳，但接下來談話的幾小時裡，她鮮少用它來墊腳，反而把它當成支撐物、一面鼓、一張放地圖的桌子，還用它來代替她長長一生裡所認識的各種討人厭的或者精彩的人。我們在這一章所要關心的是這種悠長的人生，而非一夕之間的改變；想要把悠長人生過得好，需要有一種懂得如何再創造的龐大能力，而這種能力往往被世人忽略。

吉莉安是國際知名的舞者暨編舞家，最著名的兩支作品就是音樂劇《貓》（Cats）

和《歌劇魅影》（Phantom of the Opera）。已屆九十高齡的她，堪稱精力充沛的人瑞典範，不過她坐下來時還是咳了幾聲，但她隨即喃喃解釋她這種咳嗽沒啥大不了，誰都不需要擔心。幾年前她得過一場頗嚴重的肺炎，留下的後遺症就是喉嚨變得「有點脆弱」，她以有力穩定的聲音說道。「總之，不需要大驚小怪，不過就是咳了幾聲，我沒事的。」看來吉莉安很習慣於解除別人對她的健康所起的疑慮，也很能在別人建議她已經八十九歲了最好放慢動作時把話題加以轉移。

要像吉莉安．林恩一樣活到那麼老了仍然精力充沛，勢必要具備一種既能適應又能持續的能力。她一九二六年出生在英國布倫來區（Bromley），經歷過動盪巨變的世紀，而也在人生裡迭遇變動。談到自己的人生，她似乎常提起門檻或轉捩點的概念，不過她也說：「有一些的我，一些的核心，一些如鐵條的東西是沒有改變的。」如果你活到有長長的一生可以回顧並賦予意義時，也許很自然會有這種想法。

吉莉安憶起童年，滔滔不絕猶如放煙火。她說起常常與母親吃麵包配茶，與穿著羊毛泳衣的媽咪一起去海邊，或去戲院觀賞雪莉．鄧波兒（Shirley Temple）的電影。八歲時，母親擔心她始終無法坐挺，便聽取家庭醫生的建議，把她送去本地的貝爾飯店開設的「夏普小姐舞蹈班」學跳舞，結果她在這個專為小女孩開設的舞蹈班中點燃了對舞蹈的熱情。「我還記得爬上白色的大樓梯，」她說：「然後進入舞池，看見那些小女孩，那一刻改變了我的人生。從此之後，我進入舞池時是一個人，離開時又是另外一個人。」

她十三歲時，名字仍是吉兒・派凱（Jill Pyrke），經歷了她說的「人生重創，但我相信這個重創是有意義的」，一九三九年夏天，她的母親死於車禍。幾個月後，世界大戰爆發，她的父親受召從軍，吉莉安開始跟姑媽住。

「一切陷入混亂，但我像鴨子划水那樣接受一切。聽起來挺有趣，不是嗎？我知道這樣說很不妥，但我其實滿喜歡戰爭。」吉莉安放低音量，一雙綠灰色的眼眸睜得大大：「因為，媽咪死後我很孤單，所以我喜歡一群人聚在一起的感覺，尤其我是那種來啊，我們開始吧，我可以做什麼呢？的個性，精力無窮，看見有趣的就會投入。我在想，如果沒有戰爭，如果我沒失去母親，父親仍在我身邊，不知我會變成什麼樣。但終究我得活出自己的人生，而且我不知道有沒有其他方式。勇敢：這是生命教導我的功課，先是說，我不知道自己能否辦到，但接著，就去做了。」

這時廚房的門開啟，一隻小狗奔入客廳，後面跟著一位六十歲出頭的高個兒男子，他有一頭灰髮，修剪整齊的鬍子則顯泛白。

「哈囉，妳好嗎？」他說：「我是彼得，要不要來杯茶？」

「親愛的，」吉莉安對他說，然後把注意力放回到我身上，眼神閃爍著光芒。「我們喝杯茶吧？」

他放下一盤看起來精緻的餅乾和幾塊小蛋糕。

「這是專為我太太準備的，她不吃含有麩質的食物。不過，妳也一定要嚐一嚐。」

然後，他傾身輕吻吉莉安，她對著他仰起臉，兩隻纖瘦的手捧著他的臉頰。

「可別讓狗吃了這些餅乾喔。」他說，眼神發亮，然後離去。

「我們的婚姻也很有趣。」吉莉安小聲說，把頭朝向剛關上的廚房門點了一下。

「應該沒有多少女人會在五十三歲時嫁給二十七歲的男人吧。那時，我指導他跳《窈窕淑女》（My Fair Lady）。我們是鼓起多大的勇氣才結婚的啊，因為所有人都說：『吉莉安，別傻了，妳不能嫁給他，太噁心了，五十三歲欸，以後會怎樣啊，當妳——』」吉莉安沒把話說完，只是把她沙灰髮色的頭側向一邊。「但我們互看一眼，知道我們注定要在一起，就這樣。我想，就是我們剛剛提到的騷動讓我不怕從很高的跳水板往下躍，這一招在劇場裡行得通，在人生也行得通，不是嗎？真的很管用。」

戰爭期間，吉莉安的芭蕾事業開始起飛。她的藝術總監幫她取了一個更適合放在廣告看板上的名字，從此，來自布倫來區的吉兒．派凱蛻變成了芭蕾女伶吉莉安．林恩。接下來七年，她在著名的沙德勒之井劇院（Sadler's Wells）與芭蕾舞界的偶像同台演出，包括瑪歌．芳婷（Margot Fonteyn）、莫伊拉．席勒（Moira Shearer）、羅伯特．何普曼（Robert Helpmann），以及妮涅特．瓦洛（Ninette de Valois）。後來她在沙德勒之井劇院待不住了，決定從芭蕾界轉到音樂劇，這種事在當時可說前所未聞。接著是拍電影，並且跟同劇演員埃羅爾．弗林（Errol Flynn）有過一段緋聞。「就算我媽還在，我恐怕也不會乖乖聽她的話。」她說話的語氣彷彿這只是上週的事：「我真的很頑皮。」我幾乎看見了她悠長繽紛的人生中那些轉折。

一九六〇年代，吉莉安嘗試編舞和指導，證明了她在這兩方面都有天賦。「說到改變，我是真的一次又一次跳入不同的事物中。」她雙腳在柔軟的毯子上優雅地跳了幾下。她說，她傑出的舞蹈生涯或許可歸功於她的無所畏懼、大膽厚顏，以及靈活的企圖心。到現在八十九歲了，她仍有一齣作品在百老匯長期演出，而在英國倫敦西區的劇院也有一齣新作品剛上演，日誌簿上寫滿了進行中的製作計畫。

在吉莉安．林恩身上，你可以看到本書提到的許多改變，比如成長過程中的創傷、改名字、因緋聞被眾人唾棄、職業生涯的轉變。事後多年再回顧，是她母親灌輸給她的觀念——對任何的不舒服都要輕鬆看待——讓吉莉安有辦法用薄紗舞裙般的輕盈來看待每一次的改變。不過，當我問她，她之所以有能力掌握並擁抱改變，是不是因為在某種意義上，她是個善變的人。她閉上她的大眼一秒鐘，搖搖頭。

「妳知道嗎？親愛的，」她說：「我很想這麼說，但不是。我想，我只是很貪婪罷了。坦白說，我很享受這些，享受所有的改變。仔細想想，我從來不拒絕事情，我通常直接跳進去，有些結果不好，但有些很棒，但我總是一而再再而三地跳進去。我想，這是因為當我眺望遠方，我喜歡我所見到的景象，我喜歡生命，我喜歡人，所以我很投入。或許，這就是為什麼我看起來沒那麼老。那個把大人搞得很煩、喜歡動個不停的小扭扭——他們通常這樣叫我——大概從未消失吧。我就是無法靜靜待著，妳懂嗎？我不想錯過任何東西。我想，這種靜不下來的個性對我是有幫助的，因為它讓我一直往前進。現在，我在這裡，還沒有喪失產生新想法的能力。」她往旁邊一靠，伸手摸了附近的一張木桌。「我想，我很幸運，有事情仍在繼續往前進。我不喜歡說，我就是這麼做的，因為事實上我根本不知道我是怎樣做到的。不過，我想，適應力或許是最重要的吧。」

「Homo bulla。」人是泡沫，只有斑斕須臾的存在。這句話出現在古羅馬學者馬庫斯・特倫提烏斯・瓦羅（Marcus Terentius Varro，西元前116-27）在八十歲這年寫給妻子的信上，接著他請求妻子原諒他接下來要說的意見的任何不妥之處，他告訴妻子，等到他渡過了冥河（River Styx），走完最後一段旅程後，該如何好好兒照料自家田地。

然而，如今，人的生命泡沫變得比往常更持久。二十世紀，人類壽命大幅增長，伴隨著長壽而來的改變經驗也變得益發重要。生育力下降，加上壽命增長，老年人口的福祉已成為一門值得關注的研究領域，也已提出了多項嶄新的觀點，幫助我們看待老化所經歷的改變。

大腦科學直到近期才發現，成年人和甚至老年人的大腦，同樣有神經重塑（neuroplasticity）和神經再生（neurogenesis）的現象。所謂神經重塑，是指腦部的神經會建立新的路徑和連結，而神經再生則是指大腦會製造出新細胞。這兩種功能都會因心智與肢體活動的刺激而變得活絡，又以需要高度專注力的活動所造成的刺激效果特別好。而跳舞，獨特地結合了心智與肢體這兩方面的運作，因此被認為是能有效降低阿茲海默症的活動之一；不過，以目前的研究階段來說，只能說兩者有相關，還無法證實其中的因果關係。但可以肯定的是，刺激的多樣性和多多活動，可以讓老年人的腦袋如同吉莉安．林恩一樣靈巧。

此外，一顆靈活的腦袋加上熟齡的獨特優勢位置，可以帶來新的活力。史丹佛大學壽命研究中心主任暨心理學家蘿拉．卡爾史坦森（Laura Carstensen）提出的一項研究成果，鼓舞了熙恩．海沃德去研究殘障與快樂之間的關係。根據卡爾史坦森的多年研究發現，廣泛來說，一個人在展望未來時能夠以正向改變來看待事物，以及在中老年生活裡保有動機——也就稱為快樂——這不只是因為他累積的人生經驗使然，也因為他對於時間向度有獨特的認知，擁有自己的時間向度。比如先前說到的，用天數來計量逝去的時間，而不是用年來計量，這樣一來，我們的時間範圍縮小了，我們才會領悟到我們的時間有限，而這種認知可以促進一連串的小蛻變。我們會重新排列事情的優先順序，變得比較不在乎小事，更懂得珍惜與欣賞對我們而言比較重要的事。我們會發現，面對年老的殘酷衰微，我們反而會成長，在很多方面比我們正值顛峰時更快樂，起碼理論上如此。改變永不嫌遲，改變也永不終止；事實上，改變可以讓人直到生命最後一天都充滿活力。

關於這主題，容我再透過一位資深的老年研究權威來說幾句話。哈佛大學的精神病學家喬治・韋倫特（George Vaillant）——他碰巧是熙恩・海沃德的指導教授——花了三十多年的時間，針對成人發展進行了一項史上最長期也最大規模的生物社會研究計畫。這項研究追蹤了八百多人，其中有些人更追蹤長達七十年，獲得了豐富的數據資料。韋倫特從這些驚人的資料中得出兩個結論，言簡意賅卻令人玩味良久。「第一，」他寫道：「快樂就是愛……另一個結論是……如果追蹤一個人的生命夠久，你會發現，人是會適應和改變的。」

——

「會。」當我問吉莉安・林恩，她會不會厭煩別人談論她的高齡，她如此回答。「這不是讓人生氣嗎？」她說，不耐煩地拉一拉運動上衣的袖子。「我就是八十九歲的吉莉安・林恩啊，我心想，你管我是六十歲、七十歲、二十歲或者別的什麼？重點是我能不能付出什麼。我很高興妳問了我這個問題，因為這實在太無聊了。我根本不覺得自己老，但我得讓他做好準備。」她把頭朝向廚房門點了一下，我們聽得見廚房裡的彼得正在整理茶具。「因為我想我很快就會翹辮子。其實，我不覺得自己哪裡有病或不舒服，反而覺得自己很幸運，能有這麼長、這麼棒，充滿樂趣的美好人生。我不確定這些美好事物我還能享受多久，所以，我告訴他，說不定我兩個月後就翹辮子，我這人很實際，但我要你永遠保持泳池乾淨，每天去上彼拉提斯。總之，我一步一步讓他有心理準備，我隨時都會死，免得他太……當然，他還是會傷心，但應該不至於在毫無準備的情況下悲慟欲絕。」

「那麼妳自己準備好了嗎？吉莉安？這種事能準備好嗎？」

「這方面我很不行。我想過，到那時不知會是什麼樣，那天何時會到來。可是，我一進到排練室，就忘記這些事情了。」吉莉安．林恩笑著說。彼得站在廚房門口，對她揮著手上的電話筒。

「親愛的，妳的電話。」

「總之，」她喃喃地說：「我得撐到二月二十日，我的九十歲生日。」說完後哈哈大笑，彷彿在笑自己這話太荒謬。然後，她起身，給了我一個道別的擁抱。

第19章　生命糾結交錯之處

結束了與吉莉安・林恩的午茶訪談後，我充滿信心，非常樂觀，我相信只要能對生命投入某種熱情，未來就是可能改變的，或者說改變的可能性非常高。然而我這種感覺並不是一般人的心態，因為根據哈佛大學最近一項研究顯示，許多人對於自己未來幾天或幾年內能否改變抱持高度的懷疑。

這項二〇一三年的研究，由心理學家喬帝・寇伊德貝區（Jordi Quoidbach）、丹尼爾・吉伯特（Daniel Gilbert）和提姆西・威爾森（Timothy Wilson）等人共同主持。

他們針對一萬九千多名介於十八到六十八歲之間的受測者，測量了個性、價值觀和偏好，詢問他們，在過去十年內自己是否有所改變，而未來十年內他們期望自己有多少改變。沒錯，不管年輕人、中年人或老年人，都認為自己過去十年以來有顯著的改變，而測試報告也顯示他們的說法具有客觀性和可信度。他們回首早年的選擇——職業、伴侶、多年來在下午吃甜食的習慣、瘋狂的刺青，等等——帶著一種有意思的迷惘心情，有時則出現深切的悔恨。然而，無論年齡層，多數的受訪者都預期未來不會有太大改變。整體來看，大家都認為，「現在」是一種已經決定好的狀態，他們已經「成為了」餘生所會呈現的樣子。也就是說，他們認為自己變了（changed），但沒有什麼能力去改變（changing）。

心理學家把這種現象稱為「歷史終結的錯覺」（The End of History Illusion），並且提出警示，認為由於這種錯覺使然，人會高估當下的穩定狀態，而影響了我們對明天的決策。最有趣的是，「歷史終結的錯覺」為何會發生，這個原因的答案，可以從這本書中一再出現的想像中的改變構造中找到答案。一方面，無法預測未來會如何改變，有可能是因為我們傾向於高估我們目前的特質，對此很多研究都已經指出來了；此外，我們對自我的認識也會是一種絆腳石，如果能對於未來我懷抱著可能性，或許可以減少這個絆腳石的負面影響。但最重要的，是寇伊德貝區、吉伯特和威爾森這三位研究者說，這種強烈的差異是因為，重新建構老故事的認知過程，就是比建構新故事來得更容易。對心智來說，重訪過去，不像想像未來那麼費勁。

然而，如果我們想要改變，或者需要改變，就必須想像未來。若說本書有什麼目的，那就是希望能鼓舞大家，燃起想像力。所以，請坐穩，開始想像。

——

「我來跟你說個故事，我認為這個故事實在有夠悲慘。」湯姆．米契爾（Tom Mitchell）在座椅上動了一下，椅子的皮革發出咯吱聲。「有一天，已經在基爾福（Guildford）住了一陣子的我，坐火車前往倫敦，當時正是早上的通勤時間。列車長廣播說：『在此向各位報告，本車乘客史密斯先生，四十年來，週一至週五，每天搭乘本班列車前往他的公司上班……』列車長提了該公司的名字。『今天，史密斯先生退休了，所以明天他將不會在這班列車上。』車上眾人開始鼓掌。我想到這個人穿著西裝，每個上班日在基爾福與倫敦兩站上車下車，去同一間公司做同樣的工作，四十年如一日，想到一個人竟是這樣過日子，我就覺得太可怕了。但我猜想，如果史密斯先生想到自己每隔幾年就要徹底切斷原來的生活方式，重新開始，應該也會膽寒吧。我想，改變對某些人來說是很重要的，但改變對某些人是一種詛咒吧。對我來說，人生非要有改變不可，改變可以讓我覺得活著，我的人生不能沒有改變。」

不用多說，米契爾先生顯然不受「歷史終結的錯覺」影響。事實上，他生性就傾向於「徹底切斷原來的生活方式，重新開始」，彷彿這不是他所能控制，「而且經常發生在最不恰當的時候」。對湯姆．米契爾來說，改變是一種生活方式，也是他深信的世界運作的方式。從他身上，你可以看到蛻變的完整過程，有改變、有持續、有自然過程，也有人的主體性，這些元素全部加在一起，改變就會發生。

從某方面來說，湯姆這種傾向改變的特性或許是先天遺傳。他的父親是個永遠不停下腳步的旅人，根據湯姆的說法，她父親以收集國家為樂，就像有些人收集陶瓷或畫作那樣。湯姆自己在二十一歲之前，搬家搬了十八次。

「從來沒有一個地方讓我有安居下來的感覺。」他說：「我想這表示我是一個很容易遷移的人，包括從一地遷到另一地，也包括生命歷程的遷徙。沒錯，我是我父親的兒子，我遺傳了或者感染了我父親的漂泊。我只要六個星期沒用到護照就會煩躁不安。」他伸出手掌，在鬆垂的座椅扶手上撫摩。這把椅子嵌在這間小屋兼辦公室的不起眼角落，而他彷彿隨時可以站起身就離去。

湯姆還有另一個遺傳自父母的嗜好，那就是收藏。這嗜好也發展成他的另一個終身興趣。他母親有一次從海邊度假回來，送給七歲的湯姆一袋子的貝殼。他對那些貝殼十分著迷，一夕之間就變成貝殼迷。

「那天開始，」他說：「我知道我想成為生物學家，雖然我那時連演化這個詞彙都還不認識。不過，我從很小就非常熱衷於生物多樣性的各種細節。」湯姆望向窗外院子裡那一長條用來當溫室的白色塑料棚。「到今天仍然是如此。你想聽的話，我待會兒可以說好多雪花蓮的事讓你無聊到打哈欠。」

可以想見，湯姆去了劍橋讀生物學。念博士班時，他必須去汶萊進行三次的田野實習，每一次為期六個月，研究原始雨林的生物多樣性。照理說，湯姆應該覺得置身天堂才是，其實不然，因為他在劍橋有一段炙烈的愛情，所以他非常思念女友，而這就「毒害」了他對生物的熱愛，原本想當科學家的信心也開始動搖。

「在學術上我不想成為老二，但也不想當第一。」他說：「或者，我根本不想走學術。」他無奈地搖了搖頭，那神情像是錯過了巴士。湯姆的幾個同學後來都不在世界角落裡的叢林害相思病，身無分文，而是選擇走入城市，住在高檔的都會區，搭上計程車滿街跑，享受派對和美食。湯姆則顛顛簸簸地拿到了博士學位，之後，就跟過去一刀兩斷，重新開始。畢業幾個月後，湯姆．米契爾進入投資銀行當實習生，在都市裡以高收益債券分析師的身分展開新生活。

太陽西沉。湯姆從椅子上起身，從一台小小的電熱器上拿起一雙沾了泥土的園丁手套，套入手裡。

「其實我從一開始就討厭這一行。」他說，依然背向我。「應該說我從來沒有喜歡過。」

「難道都沒好事嗎？」

「有啊，發獎金那天。」

湯姆談了好一會兒金融世界在智識方面的荒蕪。他說，待久了之後他發現，這份工作除了空洞，還讓人身心俱疲。他發現只有一種方式能讓他在這一行過下去——就是從三百六十五天開始倒數，數到發獎金那天，等這天拿到了錢，把錢存下來作為優渥退休金，然後再一次重新開始倒數。他做了一張表格，放在辦公桌的抽屜裡，上面列出再工作多少年和多少天，他就可以退休，不再擔心錢——不管是自己出賣勞力和時間當上班族賺錢，或者想辦法為別人賺到錢。就是這樣一個念頭，前面加上英鎊的符號，迫使他每天早晨搭上通勤列車，展開一天十四小時的工作。他說，在倫敦有很多人私底下都跟他有同樣想法。他說，反覆計算數字——如果你能忍受的話——其實並不是愚蠢的計算，因為這種代價能得到很高的報酬。對湯姆來說，唯一的問題是要忍耐，而且他越來越覺得自己在忍耐。畢竟，不是每一個大改變都是明智的。「我來自一個徹底真實的世界。」他說：「我到現在仍認為，沒有什麼比生物學的核心——演化理論——更引人入勝。我研讀生物學的時候，正是人類對這門學科的了解達到巔峰的時期。沒有什麼比生物學更真實。從後見之明來看，我在生物學之後所接觸到的東西都讓我失望。」湯姆嘆了一口氣，那口氣大到地上一疊紙的最上層都被吹得飄動了一會兒。「可是，當我確定我無法在這個領域走在前面，我出於憤世嫉俗的動機，進入了金融這一行。有人進入這一行是因為對錢著迷，但我不是。我認為，分析財務報表，或者搞清楚一家公司的信用是否可靠，如果可靠是可靠到什麼程度，這種事情本身根本毫無樂趣可言。這些事我絕對做得來，但誰在乎啊？真的，誰在乎啊？」

除了數日子和數錢，湯姆讓自己在金融業仍能多少保持身心健全的另一個方式，就是把薪水花在房子上，他一間一間房子的花園一個比一個大，並把他在生物學上所錯過的一切，癡迷地投注在花園耕作上。他開始收集稀罕植物，對自己小花園裡的多樣性感到自豪——但後來他的花園愈來愈不小了。他發現有些專業苗圃可以幫忙尋找並提供冷僻的植物種，他稱這些苗圃為「我的販子」。他下班後回到家的第一件事——就連小孩出生後也一樣——就是去花園，讓雙手沾染泥土，變回他自己。

—

湯姆．米契爾的其中一座花園，位於倫敦克拉珀姆區（Clapham）一整排聯排式房屋的後方。它是一畦長條狀的地，四周有籬笆牆圍起，在牆面外的板子上，湯姆漆上了一大段對他來說很重要的文字。這段話是達爾文著作《物種起源》（*On the Origin of Species*, 1859）第一版的結尾。對於改變有興趣的人，一定會覺得這段話鏗鏘有力：

> 凝視一段有各種樹根糾結交錯的河岸，是非常有意思的。這裡有許多種分類的許多種植物，鳥鳴於林，昆蟲奔竄，蠕蟲爬過濕潤泥土，各種精巧的生命樣態，一款不同於一款，彼此間卻又以複雜的形式相互依賴。這些都源於我們周遭的自然定律……這樣的生命觀之中有其壯闊之處，以數種自然力量創造成數種或一種生命型態。當地球根據引

力定律而周行之時，從一個簡單的開端演化出無窮多的美麗而神奇的生命，而且還在繼續演化著。

湯姆對這段話的愛，影響了他後來的另一段蛻變。而這段話也道盡了他仍是那個從小就愛上自然，甘願為自然之奴的小男孩。

在所有描述改變的敘述之中，「演化」實屬其中最壯闊但也最謙卑的說法。它既簡單又複雜深刻，無論起源多麼原始，它都能說明當前的生命樣態，闡述正在改變的一切，而非只是已經改變的那些。它能喚起本書一開始所說到的，古希臘哲學家赫拉克利特說河流之所以是河流，並非因為它流動不歇，而是正因為它流動不歇。或者，美麗蝴蝶的蛻變，正是來自於幼小飢餓的毛蟲的延續狀態。

——

「『生命糾結交錯的河岸』（a tangled bank）這幾個字，」湯姆靜靜地說：「讓我想起幾千段糾結交錯的河岸，每一處都充滿各種植物和動物，包括真實和隱喻的意義。」他微笑：「還有人。好美麗，好深刻，解釋了一切，包括我的熱情和迷戀。我的智識興趣全都集於此。」

不難想像，湯姆在金融圈任職的十四年沒有交到什麼好朋友，即使他對工作很擅長，聰明又努力，也很懂得以「虛飾」或「面具」來自娛，對外投射出這一行所需要的高度自信，以符合他賺取的高薪。湯姆說，數算金額是「很俗氣」的，不過他提到有人來挖角，找他去蘇格蘭皇家銀行籌組一個研究團隊。他說，這個轉職可以讓他在未來五年內「改造」他的財務狀況。可是他在工作上的悲慘狀態已經達到顛峰，他說「他開始得大口喘氣才能呼吸」。終於，二〇〇八年，他決定辭職，離職前三個月通知公司，最後那三個月的銀行家工作，幾乎度日如年。

「我有憂鬱症。」湯姆忽然這麼說，雙手把頭髮往後梳。「從小時候開始就有，時好時壞。我活在謊言裡，戴著面具過日子的最高峰，碰上了憂鬱症發作，那時我就看到終點線了。那之後，一切都變得難以忍受。我內心有東西斷裂了。有一天，我走進車站，融入一大群通勤者當中，準備搭火車上班，忽然我覺得每個人都盯著我看。在我和那該死的車站之間的閘口有一根水泥護柱，我瘋狂地踢著那根柱子。清醒後，我才知道自己在做什麼。我上了火車，但沒進公司上班，而是去找我的精神科醫師。他說：『你有沒有想過，你需要離開原本的世界一陣子？』就這樣，我沒再回去上班。職場生涯就這麼結束。」

有個痛苦的真相是：為了改變，為了全新的人生，我們必須先切斷過去。就像胖到兩百零八公斤的麥可・沃德比、吸毒的薇蕾特、從流氓變修士的帝迪爾・隆恩所做的那樣。而湯姆去了小修道院，三週之後再出來時，處在一種tabula rasa（心靈是一片白紙）的狀態。他以驚人的速度在兩個月內擬出計畫，彷彿過去十幾年的不快樂和迷失都是為了重新啟動他的人生系統。以湯姆的例子來說，從各方面來看，這都代表回歸到最初的原則。

接下來的是演化植物，重新啟動，重新建造的生命。這些多年來安靜潛藏於（糾結交錯的）河岸邊的生命，經由個人主體性和積極的選擇而活化了。在巴斯（Bath）市郊的起伏山坡上，有一片稀有植物的苗圃，現在這片苗圃是由湯姆所照料——他有了新的工作，身分是「植物獵人」。

「應該說我並不是被動漂泊到這領域。」他對著窗外的園藝田園景色彈了彈拇指。「是我主動決定我下半輩子就要這樣過。我是有意識讓它發生的，現在，從某些方面來說，我就像住在天堂裡。來吧，我們去看看。」

湯姆從扶手椅上迅速起身，充滿全新活力，領我走出他這間小屋棚辦公室。他一面向我解釋，這種自然探索的珍貴領域結合了他的多種熱情：旅行、生物學、收集、多樣性。現在他一年裡有半年在世界各地旅行，收集稀罕植物的種子，足跡踏遍了土耳其、德國、斯洛伐尼亞、前一個月還在克羅埃西亞，另外半年則忙著培育這些種子。

咯吱咯吱踩過碎石後，我們來到四個以塑料大棚罩住的溫室。溫室四周環繞著許多植栽床。湯姆現在對雪花蓮特別有興趣。他把塑料棚的塑膠門拉開，裡面是一排又一排種在盆子裡的幼小雪花蓮。這種拯救了湯姆人生的植物，也許是第一種有希望突破漫長孤寂冬天的植物，除此之外，它和千萬種不同種類的植物一樣，都是生物多樣性的典範。

「這裡的長凳上有四千多盆幼苗——」他走進溫室：「所以，這裡可說是地表上最生物多樣性的地方之一，物種的多樣程度比相同面積的雨林或珊瑚礁更高。對於終生熱愛生物多樣性的我來說，這裡簡直是聖殿。」他抬頭瞥了一眼塑料棚頂，彷彿那裡鑲著金：「妳知道嗎？簡直就像梵蒂岡的西斯汀教堂，讓我心中充滿喜悅，真的。」

湯姆說，將來他的墓碑上要刻上蘇聯生物學家費奧多西・多布贊斯基（Theodosius Dobzhansky）的名言：「有演化，生物學才變得有意義。」不過，湯姆笑著說：「我要在生物學這幾個字上面打個X。」因為就他的人生故事和改變經驗的各個層面來說，這個未來的墓誌銘就像是槓桿的支點。其實，我在描述湯姆時，很想說他就跟書中的其他人物一樣，在某種程度上是「已演化完成」（"evolved"），但湯姆完全不這麼認為。

「不，我們沒有演化完成。」他以尖銳的口吻說：「我們只是發展出來了或者改變了。我們可以用演化當成改變的一種隱喻，這樣的演化是隱喻的，不是生物學意義的。雖說如此，但我認為我們改變後確實變成了不一樣的人。我在二十多歲時迷失過，但我已經回到我應該走的路。」他把長凳上的一盆雪花蓮擺直，然後像遞名片一樣把它遞給我：「我想，如果這個溫室育種搞砸了，我會斬斷過去，重新開始。」這是今天第一次，湯姆這樣說話時聽起來不像是搞破壞，而是給了一種希望和新的可能性。

——

蛻變也是一種生物過程。人類顯然不會像毛蟲那樣，先編出一個蛹，身體在蛹裡面液化，重新成形，破蛹而出，蛻變成全新的生物型態。而毛蟲也不會像人類這樣蛻變：我們會尋找靈魂、墜入愛河、尋找上帝，或者拉提琴然後變成警察。蛻變不只是生物的過程，它也是一種隱喻，雖然生物學家湯姆．米契爾未必完全同意我這麼說。

想像力需要靠隱喻才能存在，就像毛蟲得吃樹葉維生。然而，對於改變普遍存在著懷疑，抱著歷史終結的錯覺，以及許多出於想像而來的阻礙，橫擋在我們和我們想過的生活之間。

人在一生中，可以經歷、也確實會經歷非常深刻的改變，若對此有所了解，就可以知道「蛻變」代表一種解放的想法，本書裡的每個主角都體現了這點。這是很實際、很美、很神秘且有可能發生的事；渴望、轉變和延續性都貫穿每一次的轉變。這些是他們的蛻變，是現實世界中確實發生的改變。如果我們選擇要讓蛻變發生，而且努力去做，就像蝶蛹中的蝴蝶扭踢、擺動、設法破繭而出那樣，我們也能蛻變。

——

在苗圃裡的談話之後過了幾個月，湯姆．米契爾寄了一封電子郵件給我，說他決定關掉苗圃，賣掉所有的演化植物。其實，他上次就提到這項事業無法賺錢，太少人願意花二十英鎊購買稀罕雪花蓮。大家都太蠢了，不懂得雪花蓮的珍貴。然而，這個看似大挫敗的夢想，又點燃了湯姆的另一個點子：未來一年，他要去一些地方，親眼看看二十一種野生的稀罕雪花蓮，包括亞塞拜然、伊朗、俄羅斯、亞美尼亞，「等等有趣的地方」，他寫道：「或許，我會根據這些經驗寫一本書。」我看著這封信，簡直可以感覺到他微笑著說出這些話。我也想起那天下午，訪談就要結束了，這位銀行家站在自己栽植的一排排雪花蓮之中，說了這樣的話：「若想從我的人生故事擷取經驗智慧，其實是不智的，畢竟我這一生犯的錯太多了。我只知道我必須活著，但我無法活得像火車上那些人，一通勤就是四十年。所以，若真要我給個建言，我會說，去擁抱改變，把它當成生活方式，而不是一次事件或者一種過渡階段。對我來說，改變當然是一種生活經驗，我只能全心擁抱它，否則我不知道該怎麼活下去。就這樣。」

改變之書

Metamorphosis: How and Why We Change

作者　波莉・莫蘭（Polly Morland）
譯者　郭寶蓮
總編輯　陳郁馨
企劃　吳孟儒
電腦排版　極翔企業有限公司

社長　郭重興
發行人兼出版總監　曾大福
出版　木馬文化事業股份有限公司
發行　遠足文化事業股份有限公司
地址　231新北市新店區民權路108之4號8樓
電話　02-2218-1417　傳真　02-22181009
email: service@bookrep.com.tw
郵撥帳號　19588272　木馬文化事業股份有限公司
客服專線　0800221029
法律顧問　華洋國際專利商標事務所　蘇文生 律師
印刷　成陽印刷股份有限公司
初版　2018年1月
定價　新台幣360元

ISBN 978-986-359-484-0

木馬臉書粉絲團：http://www.facebook.com/ecusbook
木馬部落格：http://blog.roodo.com/ecus2005

國家圖書館出版品預行編目(CIP)資料

改變之書 / 波莉・莫蘭（Polly Morland）著；郭寶蓮譯. -- 初版. -- 新北市：木馬文化出版：遠足文化發行, 2018.01
面；　公分
譯自：Metamorphosis : how and why we change
ISBN 978-986-359-484-0 (平裝)
1.生命哲學　2.自我實現

191.91